PETER MAFFAY

ECON Sachbuch

Stephan Niederwieser
Alan Forman

PETER MAFFAY

Der Rocker mit Gefühl

ECON Taschenbuch Verlag

Veröffentlicht im ECON Taschenbuch Verlag
Originalausgabe
© 1996 by ECON Verlag GmbH, Düsseldorf
Umschlaggestaltung: Klaus Blumenberg, Bergisch Gladbach
Titelabbildung: Set, München
Lektorat: Kristina Raub
Gesetzt aus der Bembo
Satz: HEVO GmbH, Dortmund
Druck und Bindearbeiten: Ebner Ulm
Printed in Germany
ISBN 3-612-12010-7

INHALT

1

SECHSUNDNEUNZIG, DIE SHOW BEGINNT ...

»Die Sechs hat die Neun überholt, und ich
komme irgendwie wieder dorthin, wo ich
angefangen habe.« (8)[*]

P eter Maffay ist der Star der Stars. Aber sein
Ruhm beruht nicht auf obskuren Gerüchten,
exzentrischen Verhaltensweisen oder skandalö-
sen Presseberichten über ihn, Peter Maffay wird vielmehr deshalb angebetet, weil er der Inbegriff des Anti-
Helden ist. In unzähligen Interviews gibt er Details
aus seinem Leben, seine Ansichten, ja sogar seine intimsten Ängste preis. Er lebt inmitten eines Dorfes im
tiefsten Bayern, er kleidet sich wie wir, er spricht wie
wir. Und wenn er erzählt, beschönigt er nicht.

Seit mehr als einem Vierteljahrhundert verkauft
Maffay Millionen von Alben an alle Generationen, an
Menschen aller Berufs- und Glaubensschichten. Und
denen war und ist es egal, ob er sich mit sanften Schla-
gerschnulzen in ihr Herz schleicht, mit fetzigen Gitarrenklängen in ihre Beine fährt oder mit einem Rockmärchen den Kummer aus ihren Seelen löscht. Sie
lieben ihn einfach für alles, was er macht.

Und so wie er Fans hat, die Hunderte von Kilome-

[*] Die Quellengaben befinden sich im Anhang dieses Buches

tern reisen, um ihn einmal live zu erleben, so hat er Kritiker, die hartnäckig an seinem Ruf sägen, die sich weigern zu erkennen, daß Maffay mit seinen ausgefeilten Kompositionen Gefühle anspricht, wie es so leicht kein anderer kann: Liebe, Hoffnung, Sehnsucht...

»Sechsundneunzig« hat er sein neuestes Werk getauft, 96, wie 69, das Jahr, in dem alles für ihn begann. 1969 war nicht nur für Peter Maffay ein bedeutungsvolles Jahr. Jan Palach verbrannte sich aus Protest gegen die sowjetische Übermacht in Prag, der Widerstand gegen die amerikanische Invasion in Vietnam erreichte seinen Höhepunkt, und über 300.000 Kilometer entfernt wurde ein kleiner Schritt zu einem großen für die Menschheit: Neil Armstrong betrat als erster Mensch den Mond. In Woodstock kamen Hunderttausende zusammen, um Frieden und Musik zu feiern, Willy Brandt wurde deutscher Bundeskanzler und Peter Maffay veröffentlichte »Du«.

Seither ist viel für ihn passiert: 31 Alben gingen in millionenfacher Auflage über den Ladentisch, Hunderte von Singles erreichten die Ohren seiner Fans. Maffay hat Plattenpreise eingeheimst, als Schauspieler Karriere gemacht und sein eigenes Plattenlabel gegründet: »Red Rooster«. Und auch nach 27 Jahren Musik ist seine Beliebtheit ungebrochen. Gut eine Woche nach Verkaufsstart hat »Sechsundneunzig« alle Mitstreiter überholt und sich auf Platz 1 der deutschen Album-Charts breitgemacht. Mehr als eine halbe Million Mal war die Platte bis dahin über den Ladentisch gegangen. Und für seine ausgedehnte Herbst-Tournee gingen in einem zweitägigen Sondervorverkauf 35.000 Tickets weg. Maffay ist und bleibt ein Phänomen!

Maffays »Sechsundneunzig« ist ein Comeback von jemandem, der nie weggewesen ist – und dieses Album spiegelt wider, wo er jetzt, nach vierjähriger Märchenpause, steht: »Unsere Musik hat nichts mit rosa Tönen zu tun, aber mit Erdfarben, mit Sand. Im Vordergrund stehen die Spielfreude und der Zusammenhalt innerhalb der Band. Die Absicht war und ist, klare musikalische Strukturen zu erzeugen und sie mit geradlinigen Textaussagen zu versehen.« (8)

Die ersten drei Videos zur Platte hat er in Australien gedreht. »Dort gibt es in der Natur wunderschöne Blau- und Rottöne. Das sind die richtigen Farben für meine Lieder.« (15)

In seinen Songs kehrt er zu dem maskulinen Sound zurück, der in den 80er Jahren so typisch für ihn war, zum kompromißlosen Feeling von Natürlichkeit und »Down-to-earth«.

»Ich hatte wieder Lust, bandorientierte Musik zu machen. Weniger poetisch. Ich wollte Krach machen, und wir haben Krach gemacht.« (14)

Seine Kritiken sind positiver denn je: »Kaum einer seiner Verse muß sich länger den Vorwurf der Rührseligkeit, der Nutzung gängiger, wie abgeschmackter Schablonen schuldig machen. Und musikalisch ist Peter Maffay inzwischen dem eigenen Traum sehr nahe gekommen, endlich vom vermeintlichen Schnulzier zum Rockmusiker zu werden.« (6)

Das neue Album stellte er in kleinen Klubkonzerten

in ganz Deutschland vor. Während andere zu diesem Anlaß nur die »Hautevolee« der Presse einladen, machte Maffay ein öffentliches Ereignis daraus. Er liebt eben den direkten Kontakt mit seinen Fans: »Ich hab' das vor 15 Jahren schon mal gemacht, und es hat mir damals gut gefallen.« (1)

Klubkonzerte sind für ihn wichtig. Maffay ernährt sich vom Kontakt mit seinem Publikum. »So ein Klubkonzert... ist schon etwas Besonderes. Und die Kameras, die können dich so richtig entblättern.« (43) Bewußt liefert er sich den kritischen Augen und Ohren seiner Hörer aus. Er hat ja nichts zu verbergen. Der fast 50jährige Rocker sieht besser aus als je zuvor.

Hat er denn keinerlei Bedenken gehabt, wieder mit rockigen Sounds an die Öffentlichkeit zu treten? »Nein, ich habe ja nicht vier Jahre lang Winterschlaf gehalten, sondern in der Zeit gearbeitet.« (14)

Das war bei seinen Klubkonzerten auch nicht zu überhören. Nur drei bekannte Songs gab er seinen Fans, die mit brennenden Feuerzeugen und Wunderkerzen darauf antworteten. Bei »Siehst du die Sonne«, seinem damals aktuellen Single-Hit, konnten sie dann endlich mitsingen. Die Freude war auf beiden Seiten. Zum Abschluß seines Bremer Konzerts bedankte er sich bei seinen Fans: »Freunde, ihr habt uns einen wunderschönen Abend bereitet!« (43)

Maffay, der Star der Stars, der Freund, den man sich an seiner Seite wünscht. Über seine Musik finden Generationen zueinander, wie ein Fan erzählt: »Der Maffay singt auch für ältere Leute. Meine Großmutter findet die langsamen Sachen von ihm gut. Lieder wie »Tausend Träume Weit« oder »Mein Kind« bringen uns zusammen, schaffen ein Gemeinschaftsgefühl. Egal, wer du bist, von welcher Rasse oder Religion du abstammst. Egal, wie du aussiehst, ob du ein Punker oder Popper bist. Hauptsache, man findet die Musik gut und läßt sich von ihr mitreißen.«

Jedermann und Superstar – die Geschichte von Peter Maffay. Viel zu schön, um wahr zu sein? Wie hat der kleine Junge aus Rumänien das alles nur geschafft?

2

AM ANFANG WAR
DIE GEIGE

Neulich ist Peter Maffay nach Australien geflogen. Der Weg dorthin führte ihn unter anderem über seine Heimat: »Ich sah den Plattensee, immer näher, dann die Karpaten, Hermannstadt, und ganz klein unser Kronstadt. Ich war ganz froh, daß das Flugzeug so schnell war. Ich glaube, wenn ich irgendwann ein Musikstück höre, zum Beispiel von Enescu, dann packt mich das.« (12)

Wenn man sich die unglaubliche Erfolgsgeschichte von Peter Maffay vor Augen führt, dann muß man fast annehmen, daß er unter einem besonderen Stern geboren ist. Dabei war der 30. August 1949 eher unspektakulär. Als Erstgeborener in seiner Familie erblickte er als Peter Alexander Makkay in Brasov (Kronstadt), Rumänien, das Licht der Welt. Seine Mutter, eine Siebenbürgen-Rumänin, hatte während des Krieges in Stuttgart Architektur studiert. Sein Vater, ein Ungar, arbeitete als Flugzeugmechaniker und Büchsenmacher. Aber über seine Eltern redet Peter nicht gerne. »Ich habe von der Vergangenheit meiner

Eltern wenig Ahnung – jeder hat seine privaten Ekken« (12), warum auch: es gibt genug von seinem eigenen Leben zu erzählen.

Seine ersten musikalischen Gehversuche machte er mit der Geige, und das nur, weil sich das seine Mutter gewünscht hatte. Er selbst war davon gar nicht begeistert, schon weil er »da unten mit rumänischer Volksmusik gefüttert [wurde] – links rein, rechts raus; rechts rein, links raus. Das hing uns zum Hals raus.« (49)

Sein Herz hing vielmehr an einer Märchenaufführung in der Schule, bei der er mit Feuereifer dabei war. Er hatte sich dermaßen in seine Rolle reingehängt, daß seine Noten darunter litten. Schon damals zeigte sich Peter Maffays Anlage zum hartnäckigen Perfektionisten: Aus Zorn schmiß er das Zeugnis in den Bach, erinnert sich seine Mutter. »Durch das Theaterspielen hatte er sich in Mathematik verschlechtert – und das fand er nicht korrekt.« (49)

1960 gab der spätere Rockmusiker ein kurzes Zwischenspiel als Trompeter bei den »Kronstadt-Allstars«. Aber auch für dieses Instrument konnte er sein Herz nicht erwärmen. Wirklich begeistert hat ihn die Musik erst, als er 1962 auf die Gitarre umstieg und zugleich begann, seine rauhsanfte Stimme zu erproben.

»Rumänien ist ein schönes Land, sehr schwermütig.« (12) Der junge Maffay hat sich in Rumänien eigentlich ganz wohl gefühlt, erinnert er sich im Interview mit dem Playboy: »Ich habe in meiner Kindheit in Siebenbürgen nichts dieser Art [Liebe und Geborgenheit] vermißt. Und mir als Einzelkind wurde sehr viel Zuwendung zuteil – gefühlsmäßiger Art. Es hat mir eigentlich an gar nichts gefehlt.«

Was dem Heranwachsenden nicht auffiel: Rumänien avancierte zu einem Land strammer Stalinisten. Für seine Eltern, die beide schon das Leben hinter dem Eisernen Vorhang kennengelernt hatten, wurde dies bald zu einem untragbaren Zustand. Sie beantragten die Ausreise. Die Konsequenz: »Ich kann mich erinnern, daß mein Vater von heute auf morgen arbeitslos wurde, weil wir unsere Ausreisegenehmigung bekommen hatten. Und in einem Staat, in dem nicht die Möglichkeit besteht, privat Geld zu verdienen zum Überleben, bist du als Arbeitsloser ohne soziales Netz einfach am Arsch. Mein Vater wurde etliche Male vorgeladen, und das hatte auch etwas mit ›körperlichem‹ Einsatz zu tun. Ich selbst wurde dann in der Schule von vielen Aktivitäten ausgeschlossen.« (49)

1963 durften sie dann endlich übersiedeln. Von Bukarest aus nahmen sie eine Sabena-Maschine nach Köln. Das Ticket mußte die Großmutter in Devisen zahlen, und trotzdem lief es nicht wie erhofft. Die Makkays wollten nach Amerika, aber aufgrund der Einreisequoten »wären [wir] mit drei Koffern in der Hand in eine dreijährige Warteschleife gegangen« (19), und so war bald klar, daß Deutschland ihre neue Heimat bleiben würde, »obwohl wir hier keine Verwandtschaft hatten.« (49) Sie zogen nach Waldkraiburg bei München.

Freundlich und ohne jegliche Vorurteile von seiten der Deutschen aufgenommen, fühlte die Familie sich schnell wohl, eine Erfahrung, die für Peter Maffay noch heute von großer Bedeutung ist: »Der 2. Weltkrieg lag weit hinter uns, das Land war wieder aufgebaut, der wirtschaftliche Aufschwung in vollem Gang, und man glaubte an Frieden und Gerechtigkeit.« (48, S. 35) Damals hatte er noch nicht die geringste Ahnung, was die Zukunft für ihn bringen würde...

1963 konnte noch niemand voraussehen, welche Karriere der Einzelgänger später machen würde, deshalb drückte Peter erst einmal wieder die Schulbank, mit der Absicht, anschließend einen »ordentlichen« Beruf zu erlernen. Von der Realschule in Waldkraiburg wechselte er auf das Ruperti-Gymnasium in Mühldorf. Auf einer Geburtstagsfeier eines Freundes hörte er zum ersten Mal die »Beatles« und die »Rolling Stones«. Da wurde ihm plötzlich klar, wozu er berufen war. Bereits mit 14 wußte er, daß er sich seinen Lebensunterhalt mit der Musik verdienen wollte. »Das war die Musik, die mich packte.« (48, S. 17) Neben der Schule verdiente er sich Geld, um sich dann bald für 70 Mark seine erste Gitarre zuzulegen. Die »Framus« mußte am Hals erstmal geleimt werden, bevor Peter Maffay dann in die Saiten greifen konnte.

1964 gründete er seine erste Band, eine Schülerband. Mit billigen Verstärkern machten sie sich in einem alten Bunker daran, Songs von »The Byrds«, »The Kinks« und »Peter, Paul & Mary« einzustudieren. Ihre ersten öffentlichen Auftritte absolvierten sie bei lokalen Tanzveranstaltungen. Im Oktober bot der Zufall der Band eine erste ernstzunehmende Chance:

Bei einem Festival in Donauwörth sagten »The Dukes« kurzfristig ab. Maffay bot an, mit seiner Band einzuspringen. Von da an hießen sie selbst »The Dukes«. Seine ersten Erfolge und seine Begeisterung lenkten ihn zusehends vom Schulalltag ab. Bald begann er, für die Musik die Schule zu schwänzen, und seine Noten wurden immer schlechter.

1968 verläßt er das Gymnasium dann schließlich ohne Abitur. Seine erste Band bricht auseinander, weil alle Mitglieder einen »ordentlichen« Beruf ergreifen. Peter beugt sich dem Schicksal und beginnt nun seinerseits eine Lehre als Chemigraph im Bruckmann Verlag, München. Aber die Musik will ihm dennoch nicht aus dem Kopf gehen, und so tingelt er nachts durch die Schwabinger Clubs und spielt Lieder von Dylan und Donovan.

1969 trifft Maffay seine Schulfreundin Margit Kraus wieder, die ebenfalls Gitarre spielt. Zusammen wagen sie einen gemeinsamen Schritt in die Öffentlichkeit, treten im Duo als »Margit und Peter« auf. Bei einem dieser Auftritte, es war im August im Münchner Club »Song Parnass«, sitzt zufällig Roswitha Kunze im Publikum. Sie ist sehr angetan von dem, was sie hört, und stellt daraufhin die Verbindung zu ihrem Mann her, dem damals 25jährigen Diplomphilosophen und freien Texter Michael Kunze, der bald darauf Maffays Produzent und Texter wird. Kunze hatte bereits einen Namen, denn er hatte für die »Hootenanny Singers«, die Vorläufer von »ABBA«, den Hit »Wenn alle Ströme versiegen« geschrieben und daraufhin von Teldec den Auftrag bekommen, Nachwuchskünstler zu produzieren. Schon im September hält Maffay seinen ersten Schallplattenvertrag in Händen und nimmt zwei Demos im Studio München Solln auf.

Eine Komposition von Peter Orloff gelangt zu Kunze, dieser schreibt dazu den Text »Du«. Auf dieser Grundlage schließen Maffay und Kunze einen Management- und Produktionsvertrag ab. Im November produzieren sie »Du« gemeinsam im Union Studio, aber bevor er damit an die Öffentlichkeit geht, nimmt Peter den Künstlernamen Maffay an. Doch zur großen Enttäuschung aller bleiben die Reaktionen auf den Song aus. Er wird weder in Discotheken noch im Hörfunk gespielt. Deshalb geht Peter im Dezember auf seine erste Senderreise.

Nur langsam zeigen sich erste Anzeichen eines Erfolgs, aber immerhin. »Du« wird im Radio gespielt, und das zumindest so oft, daß es Maffay ein gewisses Vertrauen in seine Karriere gibt. Er wagt den Schritt und bricht 1970 seine Lehre ab. »Du« wird nach allen Anlaufschwierigkeiten doch noch ein Hit, hält sich dreißig Wochen in den Charts. In Deutschland, Holland und Südafrika gibt es Gold dafür, aber auch in Norwegen, Österreich, der Schweiz, Belgien, Frankreich und England verkauft sich der Titel recht erfolgreich.

1970 lernt Maffay seine zukünftige Frau Petra Küfner in einer Disco kennen. Kaum ein Jahr nach Beginn seiner Musiker-Laufbahn darf er im Sommer schon die erste Auszeichnung entgegennehmen: den Bronze-Löwen von Radio Luxemburg.

Bald folgt die erste LP. »Für das Mädchen, das ich liebe«, heißt sie und wird wieder im Union-Studio aufgenommen. Maffay komponiert dafür erstmals selbst zwei Titel.

Im gleichen Jahr spielt er die Hauptrolle in der Filmklamotte »Ein Zwilling kommt selten allein«, in der er auch zwei Lieder singt: »Du bist anders« und »Lazy Daisy«.

Außerdem zieht er nach Berlin um: »Ich hatte schlicht und einfach keine Lust, zur Bundeswehr zu gehen. Erstens sah ich keinen Sinn darin, da auf Kosten aller meine Zeit totzuschlagen – und zweitens hätte mir gerade damals keiner die eineinhalb Jahre zurückgeben können, die mir vor allem im Schlagergeschäft unheimlich gefehlt hätten. Da wäre ich eben weg gewesen vom Fenster.« (49)

Im April 1971 versucht er sich mit »You« an der englischen Version von »Du«, und macht sich zu Texten von Kunze (die von Novalis inspiriert sind) an die Komposition von »Die blaue Blume«, einem Pop-Oratorium für Einzelstimme (Lisbeth List, Niederlande), Chor und Orchester (Britische Rhythmus Gruppe und Münchner Philharmonika), aufgenommen im Union-Studio.

1972 zieht Peter Maffay nach Waldkraiburg zurück. Im Mai hat er den ersten schweren Verkehrsunfall mit seiner BMW 500. Aber das kann ihn nicht schocken. So, wie er unbekümmert weiter Motorrad fährt, geht es auch in der Karriere stetig und immer schneller bergauf.

3

MAFFAY-FIEBER: STATIONEN EINES ERFOLGS

Das hat Peter Maffays Vater einmal gesagt. Zur
Freude seiner Fans hat sich dieser Wunsch nie
erfüllt.

27 Jahre Karriere lassen sich schwerlich zwischen zwei
Buchdeckel pressen. Da gibt es Höhen und Tiefen,
Momente der Enttäuschung und Momente unendlichen Glücks. Die nächsten Seiten sind ein Versuch, zumindest die wichtigsten Stationen von Peter Maffays
erstaunlicher Entwicklung kurz nachzuzeichnen.

1973 erscheint das Doppelalbum »Omen«. Die Musik dazu hat Peter Maffay komponiert, die Texte stammen aus Kunzes Feder. Nach der Veröffentlichung legt
er eine Pause ein und baut für seine Eltern, Freundin
Petra und sich ein Haus in Taufkirchen.

Mit dem Journalisten Michael Conradt gründet er
den Musikverlag »Sandwich Musik«. Conradt wird
später sein Texter, aber zuvor trennt sich Maffay im
Frühjahr 1974 von Michael Kunze und sämtlichen
Produzenten. Im April erscheint die LP »Du bist wie

ein Lied« als letztes Produkt seiner Zusammenarbeit mit Michael Kunze.

Der erste Titel, den er gemeinsam mit Michael Conradt produziert, heißt »Einer muß gehen«. Mit diesem Hit gelangt er nach »Du« zum ersten Mal wieder in die Hitparade. Im April folgen zwölf Konzerte mit der Begleitband »18 Karat Gold«.

Im Sommer produziert Maffay mit einem neuen Team die LP »Samstag abend in unserer Straße« im Hansa Studio in Berlin. Sein Co-Produzent ist nun Joachim Heider, seine Texter sind Ulrich Weigel, Christian Heilburg (alias Gregor Rottschalk) und Michael Holm. In dieser Zeit verlobt er sich außerdem mit Petra Küfner.

Im Winter 1974/75 geht er mit der Begleitband Sahara auf Tour. Mit dabei: Hans Hering an den Keyboards, der Gitarrist Günther Moll, Stefan Wissnet am Baß und Holger Brand am Schlagzeug.

Im Frühjahr 1975 produziert Peter Maffay »Und es war Sommer«. Dieses Album erscheint im August. In der Zwischenzeit haben Peter und Petra Küfner geheiratet. Im Herbst produziert er bereits das nächste Album: »Meine Freiheit«. Auf dem Plattencover taucht zum ersten Mal das Peter-Maffay-Logo auf, sein Namenszug in Form eines Adlers. Die Single-Auskopplung »Josie« ist wochenlang in den Charts, die LP hält sich gleich sechs Monate in den Hitlisten.

Im Oktober ereignet sich etwas, das Peter kurzfristig aus der Bahn wirft. Ein 16jähriger Mopedfahrer übersieht das Rotlicht einer Ampel. Der Motorradfreak

Maffay stößt mit ihm zusammen. Der Unfall hat für den Mopedfahrer tödliche Folgen. Der Musiker sagt seine geplante Tour ab und legt eine Arbeitspause ein.

Erst im Winter zieht er dann mit Sahara auf seine zweite Clubtournee.

Im Februar 1976 trifft Peter seinen alten Freund Johnny Tame (Uwe Reuss) bei einem Fernsehauftritt wieder. Johnny ist zu der Zeit gerade als Gitarrist für Costa Cordalis unterwegs. Peter und Johnny beschließen, eine Arbeitsreise nach Spanien zu unternehmen, um dort zusammen zu komponieren. Schon im Herbst machen sie ihre ersten Aufnahmen zu »Tame & Maffay« im Musicland Studio, München.

Im Februar 1977 wird das Album veröffentlicht. Zwei Monate später erhält Maffay seinen ersten Schallplattenpreis. Als Belohnung gönnt er sich ausgedehnte Reisen nach Südfrankreich, Spanien und Kanada. Im Mai gibt er einige Testkonzerte mit seiner neuen, von ihm selbst zusammengestellten Band und produziert die LP »Dein Gesicht«. Im November/Dezember geht er zum ersten Mal mit dieser Band auf Deutschland-Tournee: Frank Diez, Jean-Jacques Kravetz, Bertram Engel, Stefan Wisnet, Günther Moll, Johnny Tame. Das Maffay Logo taucht nun auch im Bühnenbild auf. Für die Tour schließt Manager Michael Conradt einen Vertrag mit Konzertmanager Hans Werner Funke ab.

Schon im März 1978 erfolgt die zweite Deutschland-Tournee. In dieser Zeit lernt er die Pädagogikstudentin Chris Heinze aus Frankfurt/Main kennen. Er trennt sich von seinen Textern Heider und Rottschalk, er trennt sich von Konzertmanager Funke, sagt die geplante Tour ab. Maffay steigt für ein Jahr völlig aus dem Geschäft aus. Im Sommer reist er mit Petra durch die Sahara, fliegt nach Südamerika, auf die Falkland-Inseln, nach Feuerland und in die Antarktis. Unterwegs komponiert er die ersten Titel für »Steppenwolf«.

Im Januar 1979 geht er damit ins Studio. Für die Texte zu »Steppenwolf« holt er sich neue Schreiber an Bord: Bernd Meinunger, Oliver Spiecker, Volker Lechtenbrink. Co-produziert wird das Album von Wagner. Die Single-Auskopplung »So bist du« hält sich 43 Wochen in den Charts, davon 23 auf Platz 1; vor ihm hat dies kein anderer deutscher Sänger geschafft. »Tame & Maffay 2« folgt. Bereits drei Monate nach der Veröffentlichung von »Steppenwolf« erhält er die erste Goldene Schallplatte. Vier deutsche Schallplattenpreise, drei goldene Singles, neun goldene LPs und sechs Platin-LPs folgen.

Im Frühjahr 1980 läßt Peter Maffay sich von Petra scheiden. Im September trennt er sich dann von seiner Schallplattenfirma Teldec und schließt einen neuen Vertrag mit der Metronome ab. Im November geht er zum dritten Mal auf Deutschland-Tournee, jetzt erstmals mit Konzertmanager Fritz Rau. Im Juli produziert er »Revanche«, im August wird es veröffentlicht. Bereits im Oktober hat sich das Album eine Million Mal verkauft, und Maffay bekommt dafür Platin. Mit 1,5 Millionen verkauften Exemplaren wird es die bis dahin erfolgreichste LP Maffays. Sein größter Einzelhit auf dieser Platte wird die Cover-Version von »Über sieben Brücken mußt du gehn« der Gruppe Karat.

1981: Von Winter bis Frühjahr geht Maffay zum vierten Mal auf Deutschlandtournee und macht dabei zum ersten Mal auch einen Abstecher nach Wien. Im Sommer kauft er ein Grundstück in Tutzing am Starnberger See und zieht dorthin um. Peter Maffay und Chris Heinze heiraten. Chris schreibt Texte für »Mein Kind« und »Liebe wird verboten«.

Im August spielt er auf einem Open-air-Konzert in Bad Segeberg mit Joan Baez für die Organisationen »Amnesty International« und »Humanitas« zugunsten der Unterstützung von Aktionen gegen die Aufrüstung und für die Flüchtlingshilfe. Im Dezember produziert Maffay »Ich will leben«, das im Januar 1982 veröffentlicht wird.

Im Sommer 1982 tritt Peter Maffay als Anheizer bei sechs Rolling-Stones-Konzerten in Deutschland auf. Danach hat er mehr Fans als je zuvor. Wie daraufhin kaum noch anders zu erwarten, wird die fünfte Deutschland-Tournee im Herbst ein absoluter Renner: 240.000 Besucher kommen, um den Star zu sehen. Maffay trennt sich von Michael Conradt.

Im Februar 1983 baut Maffay sein erstes Tonstudio in Tutzing und tauft es »Red Rooster«. Im Juni produziert er dort seine erste LP: »Tabaluga oder die Reise zur Vernunft« erscheint im August. Gleichzeitig geht er zu seiner ersten Plattenfirma Teldec zurück. Im November macht er sich an das Album »Carambolage«, das im Februar 1984 veröffentlicht wird.

Seine sechste Deutschland-Tournee folgt im Herbst 1984: Er zieht über 290.000 Besucher in seinen Bann. Maffay geht mit Jean-Jacques Kravetz nach Spanien, wo die beiden Songs für »Sonne in der Nacht« komponieren. Im Dezember lernt er Oskar Lafontaine persönlich kennen, der als Oberbürgermeister von Saarbrücken im Rathaus einen Empfang gibt.

Im Winter 1985 nimmt Peter Maffay »Sonne in der Nacht« in seinem Studio auf. Im Februar veröffentlicht er die Single »Nacht im Wind« zugunsten der Hungerhilfe für Äthiopien. Mit dabei »Alphaville«, Udo Lindenberg, Herbert Grönemeyer, »BAP«, Klaus Lage, Nena, Marius Müller-Westernhagen, »Spider Murphy Gang«, die »Münchner Freiheit« und viele andere mehr.

Im Frühjahr filmt er zwölf Videos zu der LP »Sonne in der Nacht« in Hamburg, Göteborg, Saarbrücken, München, Tutzing, Hongkonk, Canton (China) und Price (Utah, USA). Sie werden im September zeitgleich mit der Platte veröffentlicht.

Bald darauf geht er auf seine siebte Tournee durch Deutschland und die Schweiz und absolviert seine ersten beiden Auftritte in der DDR (Rostock). Das Ergebnis: 320.000 Zuschauer. Bei dieser Tour ist Tony Carey mit von der Partie.

Die Fortsetzung der ersten »Tabaluga«-LP erscheint: »Tabaluga und das leuchtende Schweigen«.

Zusammen mit dem ersten Tabaluga-Album wird sie 1,6 Millionen Mal verkauft und avanciert damit zu Deutschlands erfolgreichsten Konzeptalbum. Im gleichen Jahr stiftet Peter Maffay einen Preis in einem Sicherheitswettbewerb für junge Moped- und Motorradfahrer. Im August nimmt er am Konzert »Rock gegen Atom« teil. An seiner Seite stehen Udo Lindenberg, Heinz Rudolf Kunze und Willy Brandt, damals Vorsitzender der SPD, auf der Bühne. Maffay trennt sich von Chris Heinze-Makkay, die adoptierte Tochter Nina bleibt bei der Mutter.

Im Oktober nimmt er unter dem Motto »Künstler für Kinder« an Fernsehauftritten zugunsten krebskranker Kinder teil, und unter dem Motto »... weil wir leben wollen« engagiert er sich für den »World Wildlife Fund«.

Im November übernimmt der Musiker zum ersten Mal eine ernstzunehmende Rolle als Schauspieler. In der Hauptrolle von Peter Patzeks Kriminalfilm »Der Joker« mimt Maffay einen zum Krüppel geschossenen Polizisten aus St. Pauli, der sich, nun im Rollstuhl sitzend, mit Gangstern anlegt. »Jetzt, da der Film fertig ist, sage ich, okay, es ist kein Masterpiece, er ist nichts Besonderes, aber in Anbetracht der Tatsache, daß ich das noch nie gemacht habe, fühle ich mich wohl dabei. Ich hoffe nur, daß ich gegenüber Leuten wie Armin Müller-Stahl, Elliott Gould und Michael York noch existieren kann. Ich möchte nicht der Grund sein, weswegen die einen schlechten Film gemacht haben.« (49)

Das Buch zum Film schrieben übrigens Jonathan Caroll und Peter Patzak, Regie hatte Peter Patzak, die Musik stammte von Tony Carey, Carl Carlton, Frank Diez und Peter Maffay und die Hauptdarsteller waren

Peter Maffay, Armin Müller-Stahl, Tahnee Welch, Massimo Ghini, Elliott Gould und Michael York.

Die Filmmusik zu »Der Joker« hat Maffay im April 1987 geschrieben. Es folgen weitere Auftritte in der DDR (Suhl und Berlin). Im Oktober hat »Der Joker« in Hamburg Premiere.

Im Februar 1988 veröffentlicht Peter die Doppel-LP »Lange Schatten« und schließt unmittelbar daran eine mehrwöchige Promotiontour zur Platte an, auf der ihn 350.000 Besucher sehen.

1989 erscheinen »Kein Weg zu weit« und außerdem zwei Reiseberichte, die er für das ZDF produziert hat: »Reisen mit Peter Maffay«. Einmal ist er dabei mit dem Motorrad durch Israel unterwegs, das andere Mal mit Mountainbike und Geländewagen durch Island. Der Israel-Report gewinnt 1990 den Tour d'Or-Preis.

Peter Maffays Tournee im Jahr 1990 mit 450.000 Besuchern bricht seine sämtlichen bisherigen Rekorde. Parallel dazu spielt er mit Tina Turner und Chris de Burgh auf großen Open-Air-Konzerten. Außerdem tritt er auf Veranstaltungen gegen Ausländerfeindlichkeit auf; in Frankfurt bei »Heute die, morgen du« und in Leipzig bei »Gewalt ätzt«.

Mit Freunden gründet er die gemeinnützige Organisation Horizon e.V. und heiratet zum dritten Mal: die 17 Jahre jüngere Friseuse Michaela (Micky).

1991 baut er ein neues Red-Rooster-Studio in Tutzing.

1992 geht er zum zehnten Mal auf Tournee: 45 Städte, 500.000 Zuschauer. Im Sommer gründet er zusammen mit BMG Ariola München die Red Rooster Records GmbH. Im Herbst veröffentlicht er »Freunde und Propheten«.

1993 erscheint »Tabaluga und Lili«, das dritte Album der Tabaluga-Reihe.

1994 wird dann regelrecht zum Tabaluga-Jahr. 650.000 Zuschauer verfolgen in 90 Aufführungen voller Spannung und Begeisterung die märchenhaften Abenteuer des kleinen Drachen.

1996 kehrt Peter Maffay zu seinen Wurzeln zurück. Im Januar erscheint als Vorab-Auskopplung des neuen Albums »Sechsundneunzig« die Single »Siehst du die Sonne«. Im Februar/März stellt Maffay sein jüngstes Werk dem Publikum und der Presse auf Clubkonzerten live vor. Im März erscheint das Album.

Ab August 1996 wird der Star wieder auf große Deutschland-Tournee gehen. 40 Hallen- und Open-Air-Konzerte sind geplant.

4

MEINE LIEDER, MEINE TRÄUME: DER MUSIKER UND SEINE MUSIK

»Die Musik ist für mich ein Mittel, mich auf Dinge zurückzubesinnen, die mir wichtig sind. Ich möchte helfen, Spannungen abzubauen, mehr Zeit füreinander zu finden, mehr Rücksicht aufeinander zu nehmen und überhaupt harmonisch miteinander zu leben.« (48, S. 36).

Peter Maffays Karriere als Musiker begann in einer kleinen Schulband. Damals spielte er Songs von »The Kinks« und den »Lovin' Spoonful«. Seinen Einstieg ins Musikgeschäft schaffte er als Schlagersänger, aber bald schon konzentrierte er sich mehr auf Rock und wurde zu einem der sanftesten Hard-Rocker Deutschlands. Mit dem Rockmärchen »Tabaluga« machte er dann noch zusätzliche Schlagzeilen als Musical-Schreiber. Kaum ein Künstler ist so vielseitig wie er, und das ist sicher auch einer der Gründe, warum er sich musikalisch schwer einordnen läßt. Doch das ist allenfalls für seine Kritiker ein Problem, er selbst jedenfalls sieht das ganz einfach so: »Ich will mich gar nicht mit anderen Künstlern vergleichen, aber Picasso ist sicher nicht allein Kubist oder Surrealist gewesen, sondern er war auch ein toller gegenständlicher Maler.« (19) Und vielleicht liegt ein Grund für seine Vielseitigkeit auch darin, daß Peter Maffay für die unterschiedlichsten Einflüsse offen ist: Er hört Rap und Dancefloor, liebt aber auch die klassische

Musik. Eine seiner Lieblingsbands ist übrigens ZZ Top.

Mehr als 300 Songs hat er in seiner nunmehr 27jährigen Laufbahn geschrieben, 300 Geschichten aus dem täglichen Leben. 300 Momentaufnahmen seiner Gefühlszustände, seiner Ängste und Ansichten, die seinen Zuhörern immer wieder ans Herz gehen. Wie kann ein Künstler so viele und so gute Songs produzieren?

»Es ist wie ein innerliches Bedürfnis, eigentlich wie beten. Eben eine Form der Auseinandersetzung mit dem nicht-materialisierten Partner.« (47, S. 55) Das hört sich so an, als wäre das immer ganz einfach, aber oft ist es das nicht: »Manchmal ist es wie ein Schub, manchmal muß es abgerungen werden.« Peter Maffays Songs entstehen nicht allein in seinem Kopf. Er benutzt seine Instrumente als Impulsgeber. Und weil ein Impuls manchmal nicht ausreicht, experimentiert er mit den unterschiedlichsten Instrumenten, um sich die besten Ideen zu holen. Dafür geht es auch manchmal ganz ohne Hilfsmittel: Maffay hat seine Inspirationen im Flugzeug, auf seinem Boot in Mallorca oder auf der Ranch in Kanada. »Manchmal reicht ein einziger Takt oder ein Einstieg, dann platzen die Knoten im Gehirn auf.« (47, S. 53) Dabei nehmen diese Momente keinerlei Rücksicht auf Peters Tagesrhythmus. Sie kommen ihm auch dann, wenn er eigentlich keine Zeit oder Lust dazu hat: »Ich habe nachts schon die schärfsten Nummern geschrieben, war zu faul aufzustehen, um sie aufzunehmen – und am nächsten Morgen war alles weg.« (19)

Peter Maffay ist Vollblutmusiker, deshalb ist es vor allem die Musik, die ihn beflügelt: »Zuerst ist immer die Musik da, weil die Musik für mich persönlich eine Aussage darstellt.« (47, S. 53) Die Texte kommen erst später, und meist stammen sie nicht aus der Feder des Meisters selbst. Die Ideen für die Texte sind allerdings oft von ihm, denn Musik ist für ihn mehr als eine bloße Aneinanderreihung von Tönen: »Ich arbeite viel lieber mit Musik, mit Harmonien, das ist schon Inhalt. So wie in der Klassik viele Stücke geschrieben wurden, die ihren Inhalt ohne Worte hatten.« (12) Sobald er eine Grundidee hat, sucht er sich jemanden, der ihm schreiben kann, was er sich für den Song vorstellt. Für »Sechsundneunzig« war es hauptsächlich Bernie Conrads. Aber Maffay hat schon mit vielen verschiedenen Textern gearbeitet: mit Michael Kunze, Volker Lechtenbrink, Gregor Rottschalk und vielen anderen. Von Jule Neigel stammen zum Beispiel die aktuellen Songs »Freiheit, die ich meine« und »Siehst du die Sonne«.

Auch wenn der Künstler selbst nicht Hand an seine Texte legt, hat er doch Ideen und Gefühle zu seinen Songs: »Das geht so weit, daß ich sage: In der ersten Strophe will ich das, in der zweiten dies, im Refrain jenes.« (47, S. 63) Natürlich ist das nicht immer so extrem, aber Maffay ist Perfektionist. Wenn er eine bestimmte Vorstellung hat, dann will er sie auch umgesetzt sehen. Und das ist natürlich nicht immer ganz einfach. Auch wenn sein Vokabular den Songschreibern hinreichend bekannt ist, kann es trotzdem passieren, daß sie mit ihren Texten daneben liegen. »Dann sage ich: Du, paß mal auf, das Wort kann ich nicht singen, weil ich dieses Wort nicht benutze, das gehört mir nicht. Das alles ist eine ganz verzwickte Angelegenheit.« (47, S. 63)

Es kann jedoch auch vorkommen, daß die Texte zwar den Wortschatz treffen, aber ein Wort oder eine Zeile sich nicht so singen läßt, wie es sein müßte, »weil sie phonetisch unglücklich auf die höchste Stelle in der Musik trifft, das klingt fürchterlich. Ich muß die Zeile dann rausnehmen, um die Musik nicht zu torpedieren.« Wie weit dieser komplizierte Prozeß des Angleichens von Text an Musik – und umgekehrt – gehen kann, erklärt Peter an folgendem Beispiel: »Ich hab mal ein Lied gemacht, das heißt ›Für immer‹. [...] Bei diesem Lied habe ich mich einfach verschätzt und es um einen Ton zu hoch angesetzt. Als der Text da war, mußte ich mich wahnsinnig prügeln, um ihn auf diese Musiklinie draufzubringen. Am liebsten hätte ich das Playback weggeschmissen und es in einer anderen Tonart nochmal gespielt. In einer anderen Tonart klingen aber die Gitarren nicht mehr gut. Jetzt hätte man alles mit einem Kadopaster spielen können – dann wäre es aber nicht mehr Rock 'n' Roll, sondern Bluff. Oder du kannst die Tonbandgeschwindigkeit absenken, dann fängt es in den Tiefen an zu mulmen, und das Schlagzeug klingt schlecht. In diesem Fall mußten wir alles so lassen, wie es war.« (47, S. 63 ff.) Wie schon erwähnt: Peter Maffay ist wirklich ein Perfektionist!

Ein weiteres großes Problem ist natürlich, überhaupt

Texter zu finden, die dem König sanfter Rockmusik die Worte auf den Leib schneidern. »Die Schwierigkeit besteht darin, den deutschen Text und die Musik in das richtige Verhältnis zu bringen.« (47, S. 63 ff.) Deshalb arbeitet Peter Maffay mit verschiedenen Songschreibern. Sein Anspruch ist nämlich sehr hoch. Aber selbst der beste Texter kann nur so gut sein wie das, was Peter selbst an Ideen, Gefühlen und Gedanken rüberbringt: »Stimmt, das ist Striptease. Ich weiß, daß ich das machen muß. [...] Das beste, was ich tun kann, ist, möglichst alles auf den Tisch zu legen. Ich kann nicht verlangen, daß mich jemand versteht, wenn ich nicht den Mund aufkriege. Da muß natürlich einiges raus.« Es wäre aber auch nicht einfacher für Peter, seine Texte selbst zu schreiben. Es würde zwar mögliche Mißverständnisse mit Fremdtextern ausschalten, aber um seinen Songs das entsprechende Maffay-Feeling zu verleihen, müßte er sich vor dem leeren Blatt Papier genauso entblößen wie vor den Songschreibern.

Ein schwieriges Unternehmen bleibt es ohnehin, egal ob Fremdtext oder eigener Text. Es ist schon mehr als einmal vorgekommen, daß bei diesem langen Prozeß von aufeinander abstimmen, an die Musik anpassen, an die Stimme anpassen der ganze Song letztendlich auf der Strecke bleibt. »Manchmal war das Playback gut, die Musik war okay und der Titel hätte auch gut in die LP gepaßt, aber wir mußten uns eingestehen, daß der Text unmöglich war. Bei mir liegen etliche Lieder herum, die fertig aufgenommen sind und nie veröffentlicht wurden.« (47, S. 63 ff.)

Oberstes Auswahlkriterium für Texte ist, daß sie den Musiker ins Herz treffen. »Wenn ich dem geschriebenen Wort gegenübersitze, muß es mich beeindrucken.« Er muß das Gefühl haben, daß der Text genausogut von ihm stammen könnte. »Der Text soll widerspiegeln, was an Erkenntnissen in mir drin steckt«, und am Ende muß er nicht nur vom Reim her auf das Stück passen, sondern auch das gleiche Gefühl vermitteln wie die Musik selbst. (Zitate: 47, S. 63 ff.)

Mit dem musikalischen Wandel während seiner Karriere, mit seinem unglaublichen Erfolg und mit dem zunehmenden Maß an Lebenserfahrung haben sich auch die Inhalte seiner Songs verändert: »Im Laufe der Zeit bin ich tiefgründiger geworden in meinen Textaussagen, weil ich die ungeheure Einflußmöglichkeit immer mehr erkenne«, hat Peter Maffay bereits 1986 gesagt. Andererseits will er aber auch nicht mit dem erhobenen Zeigefinger durch die Welt laufen. »Dazu reicht meine Weisheit nicht aus, und ich muß noch viel lernen.« Trotz allem hat er eine Botschaft: »Wir wollen mit dem Medium Musik auf uns aufmerksam machen, unsere Gedanken transportieren und eine große Gemeinschaft erzeugen. Für mich heißt Rockmusik, meine Gefühle, Ängste, Hoffnungen und Sehnsüchte zu artikulieren. Wer meine Musik gut findet, identifiziert sich mit meinem Lebensgefühl. Ich habe viele Fragen und wenige Antworten.« (48, S. 20)

Oder noch genauer: »Die Musik ist für mich ein Mittel, mich auf Dinge zurückzubesinnen, die mir wichtig sind. Ich möchte helfen, Spannungen abzubauen, mehr Zeit füreinander zu finden, mehr Rücksicht aufeinander zu nehmen und überhaupt harmonisch miteinander zu leben.« (48, S. 36) Und wenn man seine Fans fragte, würden sie ohne Zweifel bestätigen, daß Peter Maffay ihnen mit seinen Songs viel davon vermittelt.

Obwohl Maffay also eine Botschaft hat, ist er jedoch der Meinung, daß nicht jeder Song tiefschürfend und gehaltvoll sein muß. »Es muß gestattet sein, über belanglose Dinge belanglos zu reden und ihnen nicht immer einen hintergründigen Wert zuzumessen.« (47, S. 66)

Schließlich ist Musik auch zur Unterhaltung gedacht und nicht immer als Anregung zu einer philosophischen oder politischen Auseinandersetzung. »Mir geht es nicht um den Beweis, wie klug meine Kompositionen sind oder wie hoch und gut ich singen kann. Es gibt Tausende, die das besser können! Die Frage ist, wie ernst ist es mir, und wie sehr kann ich mein Umfeld zu dem Gedanken motivieren: Laß uns kommunizieren!« (19) Und kommunizieren kann man über vieles: man kann über Wichtiges oder auch Banales, über komplizierte Dinge oder auch Alltägliches sprechen, Hauptsache, es läßt sich damit irgendein Bedürfnis stillen. Daß ihn Kritiker deshalb gelegentlich als banal oder pathetisch belächeln, läßt ihn kalt. Ganz im Gegenteil. Gerne setzt er bei Interviews noch eins oben drauf: »Halten mir Kritiker einen Text hin und fragen: Mußte das jetzt wieder sein?, sage ich: Es war ein Bedürfnis – also was soll's.« Es muß eben nicht immer nur um tiefgründige Dinge gehen. Den festgeschriebenen Klischees, wie ein Rocker sein darf und was er nicht tun soll, tritt Maffay dabei ganz bewußt entgegen, »indem ich nach wie vor ›Schnulzen‹ mache. Ich stehe tierisch drauf. Es ist mir ein Bedürfnis.« (47, S. 67) Und damit nimmt er all denen den Wind aus den Segeln, die versuchen, ihm eben dies vorzuwerfen.

Einmal hieß es, Peter Maffay habe den langen Weg vom Schlager zum Rocker angetreten und sei in der Mitte steckengeblieben. Maffays trockene Antwort darauf: »Ja – stimmt. Weil er genau in der Mitte stecken bleiben *wollte*.« Er will es nicht akzeptieren, wenn jemand den Schlager abtut, die Schnulze als Mist bezeichnet und nur derjenige anerkannt wird, der sich dem Hardrock verschreibt. »Ich habe selten einen Musiker erlebt, der völlig eingleisig fährt in seinem Stil. Auch Udo Lindenberg hat wunderschöne Balladen.« Für Maffay ist die Schnulze eine Möglichkeit, vielleicht sogar seine einzige, seine Gedanken über die Liebe auszudrücken. »Es gibt eben Leute, die Liebe verzinkt – also kompliziert – ausdrücken können. Aber ich kann das nicht. Ich muß es einfach *machen*. So bin ich ein klein wenig – und so möchte ich, daß meine Sprache und meine Lieder sind. Drei Harmonien – das ist für mich das wichtigste. Und meinetwegen Worte, die in manchen Ohren etwas banal klingen.« (49)

Und wenn man ihm vorwirft, daß er ein Kitschonkel sei, dann erzählt er vom Freund seines Vaters, dem Kunstmaler Friedrich von Bömches. »Der hat mich mal beiseite genommen und mir seine Arbeit als Gratwanderung zwischen Kunst und Kitsch erklärt. Damit, so versicherte er glaubhaft, könne er ganz gut leben. Das hat mich tief beeindruckt.« (47, S. 67)

Bei allen Überlegungen, die man zu Maffays Texten anstellen kann, sollte man eins nie vergessen: Peter Maffay selbst nimmt nicht jeden Song so bierernst. Und manche sind sogar für ihn so unwichtig, daß er sie vergißt. Deshalb läßt er inzwischen bei Konzerten einen Projektor am Bühnenrand anbringen, der ihm die Texte auf den Fußboden projiziert – über einen Regler an der Gitarre kann er die Laufgeschwindigkeit einstellen. »Wenn ich manchmal scheinbar ganz konzentriert und in mich versunken nach unten gucke, dann lese ich in Wahrheit die Zeilen auf dem Boden«, gesteht er schelmisch schmunzelnd in einem Interview mit der Münchner Abendzeitung.

Wenn man weiß, welche Maßstäbe Maffay an seine Songs anlegt, kann man sich eine vage Vorstellung davon machen, wie kompliziert und aufwendig es für ihn ist, ein ganzes Album einzuspielen. Die eigentlichen Titel sind das eine, der jeweilige Ablauf der Songs ist noch einmal eine ganz andere Geschichte. Wenn ein Titel zwar in Ordnung ist, sich aber in den Ablauf nicht hundertprozentig einpassen will, »dann muß ich ihn noch einmal aufnehmen. Ich will jedoch das Gefühl haben, daß das nächste Einspiel genauso kräftig und frisch ist. Wenn nicht, würde ich mich lieber mit dem falschen Aufbau zufrieden geben.« (47, S. 66)

Natürlich passiert es auch einmal, daß ein Instrument nicht ganz sauber gestimmt war. Wenn sich der Titel aber ansonsten gut anhört, wird die Aufnahme trotz des verstimmten Instruments genommen.

Dreißig Titel schreibt er für jedes Album, von denen dann letztendlich vielleicht zehn oder zwölf Songs ausgewählt werden. »Wenn davon kleine Demos existieren, weiß ich bereits, daß ich zehn wegschmeiße. Später ziehe ich den Kreis noch enger, und es bleiben rund 15 Stücke, die wir mit der Band auf jeden Fall einspielen.« (47)

Zehn bis vierzehn Stunden am Tag widmet er sich in einer solchen Phase der Musik. Erst wenn alle vom Ergebnis überzeugt sind, gibt er sich zufrieden. Er ist eben ein Hundertprozentiger. Wie singt er doch? »Denn wenn ich singe, spiele, alles gebe, fühl' ich Rock 'n' Roll in mir. Und wenn ich weine, lache, hasse, liebe, fühl' ich Rock 'n' Roll in mir. Ich leb' nur, wenn Feuer in mir brennt.«

5

DER STEPPENWOLF

»Man konnte ihn nie auf eine Rolle festlegen,
nie war er nur Einzelgänger oder nur
Draufgänger.« (49)

So beschrieb Maffays Vater einmal den untypischen Rocker.

Peter Maffay ist ein äußerst beliebter Musiker. Jede seiner Platten verkauft sich mehrere Millionen Mal. Er führt drei Studios, einen Verlag und sein eigenes Label. Dazu gehört nicht nur musikalisches Talent, sondern auch die Fähigkeit, das kleine Maffay-Imperium zu managen. Und auch darin ist Peter durchaus erfolgreich.

Maffay ist der Boß, und das gefällt ihm. Und obwohl er nach Aussagen seiner Mitarbeiter ein harter Boß ist, arbeitet man gerne mit ihm, weil er einige Charakterzüge aufweist, an denen es vielen anderen mangelt: Ehrlichkeit, Bescheidenheit, Höflichkeit und Loyalität. Aber der sanfte Rocker ist sich bewußt, daß es kein Zuckerschlecken ist, mit ihm zusammenzuarbeiten: »Mein Drang zur Arbeit zermahlt auch vieles. Ich erzeuge vermutlich sehr viel Angst, vor der sich Menschen, mit denen ich zu tun hab', nicht schützen können. Ich tue das nicht, weil ich es böse meine, das

44

ist das Kaputte daran.« (47, S. 25) Aber weil er die Dinge, die er sich in den Kopf setzt, unbedingt erreichen will, gibt es auch manchmal Zoff. Er ist unnachgiebig, das gesteht er offen. Er weiß natürlich, daß es auch andere Wege gäbe, sein Unternehmen zu führen, denn dafür gibt es genügend Beispiele. Aber: »Ich kann es nicht, und wenn es funktionieren soll, dann geht es nur auf meine Weise.«

Es ist ja nicht nur die eigene Karriere, die davon abhängt. Es ist gleich ein ganzer Stab von Mitarbeitern vom Aufstieg oder Fall des Maffay-Imperiums betroffen: »Es ist so! Wenn Tabaluga den Bach runtergehen würde, träfe es einige so hart, daß sie es nicht überleben würden.« (19) Allerdings ist Peter schon seit einiger Zeit nicht mehr so sicher, ob die Verantwortung auch in Zukunft so sehr bei ihm liegen muß. Im letzten Jahr hat er es sogar riskiert, vier Monate am Stück in Kanada zu verbringen und seine Geschäfte währenddessen den Mitarbeitern anzuvertrauen.

»Immer wieder, wenn ich Peter treffe, erschreckt er mich«, schreibt Axel Thorer in seinem Interview für ME/Sounds, »durch Höflichkeit.« Und wirklich, es erstaunt, daß jemand, der soviel Kontrolle für sich beansprucht und der fast immer seinen Kopf durchsetzen will, so bescheiden sein kann. Der Journalist beschreibt in seinem Artikel weiter, wie Maffay ihn selbst an der Haustür erwartet, ihm das Glas füllt und sich selbst sofort unterbricht, wenn sein Gegenüber den Mund aufmacht. »Hat Papa Makkay dir das eingebleut?« hat Thorer ihn gefragt, und Maffay hat geantwortet: »Ja, auf Umgangsformen wurde bei uns ganz großer Wert gelegt. [...] Höflichkeit [ist die] Voraussetzung für gute Beziehungen.« (38) Und die sind ihm überaus wichtig (siehe auch Kapitel 8).

So sucht man in seinen Interviews vergeblich nach bösen Worten, Anschuldigungen oder Schuldzuweisungen. Wenn er nichts Positives zu sagen hat, hält er lieber ganz die Klappe, ganz egal, ob es um seine Kritiker geht, um Musikerkollegen, die böse über ihn herziehen, oder Ehefrauen, von denen er sich getrennt hat.

Zudem ist Peter Maffay bescheiden. Er trinkt seinen Kaffee aus billigen Eduscho-Tassen, er trägt Jeans statt Designer-Klamotten, er fährt sein Auto selbst, anstatt sich wie andere Stars einen Chauffeur zu leisten. Er ist sogar so bescheiden, daß er sich selbst gar nicht als bescheiden betrachtet. Als er einmal darauf angesprochen wird, sagt er: »Ich nehme für mein Leben mehr in Anspruch als viele andere. Ich habe einen Toyota-Geländewagen, eine Harley, ich lebe in einer Villa am Starnberger See, ich besitze ein großes Studio – alles Dinge, die nicht alltäglich sind. Da kann man nicht von Bescheidenheit sprechen.« (25)

Er bleibt sogar bescheiden, wenn es darum geht, sein eigenes musikalisches Talent einzuschätzen. »Ich versuche mich davor zu hüten, bei mir etwas wie Außergewöhnlichkeit entdecken zu wollen. Sonst würde ich mich über mich selbst erheben. Was mir zufällt, ist eine Nase für Dinge, ein instinktives Verhalten, für das ich eigentlich nichts kann. Wenn ich etwas erreichen will, muß ich [...] für alles hart arbeiten.« (47, S. 55)

Er bildet sich auch nichts auf seine hervorragende körperliche Kondition ein. Der heute 47jährige hat bis vor zwei Jahren noch 80 Zigaretten am Tag geraucht und zwei Flaschen Scotch vertilgt. Trotzdem ist er fit und hat einen athletischen Körper. Er sieht das so: »So eine wahnsinnig große Leistung ist das nicht! Es gibt Millionen Menschen, die täglich acht Stunden zentnerschwere Sandsäcke schleppen – da käme keiner auf die Idee, die als fit zu bezeichnen.« (19) Und seine Fans? Wer hat schließlich schon Fans aller Altersgruppen, von der Omi bis zum Schulkind? »Es gibt große Leistungen und es gibt welche, die sehen groß aus: Diese sieht nur groß aus.« (19)

Seine Bescheidenheit macht ihn frei. Er muß sich keinem festgelegten Image unterwerfen, er kann frei wählen, mit wem und wann er arbeitet. So könnte er sich durchaus eine Zusammenarbeit mit Grönemeyer, Westernhagen und Niedecken vorstellen, à la Sting, Adams und Collins. »Ich hätte auch nichts dagegen, bei den dreien nur im Chor stattzufinden. Diese Art Profilneurose ist einer der Gründe, die einem diesen Job verleiden können.« (19) Seiner Ansicht nach sind es nicht die Interpreten, sondern deren Berater, Manager und Plattenfirmen, die solche Pläne oft vereiteln.

»Was er sagt und singt, meint er ehrlich. Das macht ihn so menschlich« (48, S. 29), sagte der Leibarzt, der Peter 1986 auf seiner Tournee begleitete. Es ist schon erstaunlich: kaum ein Star seiner Größenordnung ist derart verfügbar für Interviews und seine Fans wie Peter Maffay. Er spricht offen über seine Ansichten und scheut sich dabei auch nicht, seine intimsten Ängste und Hoffnungen zu offenbaren.

Eine weitere außerordentliche Qualität des Rockmusikers ist seine Hartnäckigkeit. Der Konzertmanager Fritz Rau hat dem ME/Sounds eine Geschichte erzählt, die wie keine andere diesen Charakterzug von Peter Maffay veranschaulicht. Im Zusammenhang mit der Tourneeplanung für die Stones-Tour 1982 saß Rau mit dem Konzertpromoter Bill Graham in Paris zusammen und überlegte, was sie tun konnten, um die riesigen Stadien zu füllen. »Bill fragte mich: ›Welcher Rockmusiker verkauft in Deutschland die meisten Platten?‹ Ich sagte: Peter Maffay. Und dann habe ich einen großen Fehler gemacht. Ich bestand darauf, daß Peter Maffay nicht vor der J. Geils Band spielen sollte: Mein Künstler Peter Maffay ist kein Opener, er spielt vor den Stones, und ich habe mich durchgesetzt.«

Aber die J. Geils Band heizte dem Publikum kräftig ein. »Do you want Schlager or Rock 'n' Roll?« fragte der Frontman in die Menge, und in Sprechchören hallte es zurück: »Rock 'n' Roll«. Für Peter Maffay dürfte dies eines der schlimmsten Erlebnisse seiner langjährigen Laufbahn gewesen sein, denn nie zuvor und nie mehr danach erlebte er eine so ungeheure Ablehnung. »Jeder andere wäre krank geworden«, erzählt Rau weiter, Maffay sagte jedoch kein einziges Konzert ab, obwohl er schwer erschüttert war.« Es hagelte verschiedenste Gegenstände auf die Bühne, ein besonders hartes Teil zertrümmerte sogar die Gitarre von Maffays Sideman Johnny Tame. Aber Maffay hat sich durchgekämpft und weitergespielt. »In dieser Hölle gewann er eine ungeheure Menge neuer Fans. Im Münchner Olympiastadion verlangte das Publikum zwei Zugaben. Auf der anschließenden Tournee erreichten wir einen Zuwachs von 34 Prozent. Das ist Peter Maffay.«

Früher war Maffay nach eigenen Angaben stinkfaul. Heute trifft das Gegenteil auf ihn zu. »Es kommt nicht vor, daß ich nichts tue. Das nervt mich. Ich hab's nicht drauf. Ich besorg' mir immer was, was ganz Unsinniges.« (12)

Inzwischen ist er ein harter Arbeiter geworden. Es liegt vielleicht daran, daß er sich allein ganz nach oben kämpfen mußte, vielleicht auch daran, daß er aus einfachen Verhältnissen stammt. Maffay selbst meint, daß er sich »mit Disziplin und Energie erarbeitet, was anderen wegen ihres Talents vielleicht leichter zufällt.« (13)

Was für andere eine Qual wäre, kann für Maffay durchaus ein Hochgenuß sein, eben zum Beispiel das harte Arbeiten: »Es gibt Charakterisierungen meiner Person, die mir unangenehmer sind als jene des ehrlichen Malochers«, sagt Maffay, und er setzt stolz hinzu: »Nach so vielen Jahren im Geschäft habe ich mich noch immer nicht Richtung Kommerz verbogen.« (47)

Ein weiterer Grund für seinen fast unheimlichen Arbeitswillen könnte darin liegen, daß er sich immer gewünscht hat, eine »möglichst hohe Unabhängigkeit zu besitzen. Ich glaube nicht, daß man die erhalten kann, wenn man nicht ein größeres Pensum Arbeit absolviert. Wenn ich in meinem Job nachlasse, besteht die Gefahr, vom erreichten Niveau runterzufallen, praktisch jeden Tag.« (47, S. 25)

Aber die ständige Schufterei macht ihm nichts aus. Im Gegenteil. Maffay sucht die Herausforderung, solange es immer wieder neue Ziele sind, die er erfolgreich erreichen kann. »Wieviel kann man hinkriegen?« fragt er sich oft. »Wieviel ist machbar?« Diese Fragen reizen ihn stets aufs neue und treiben ihn dazu, immer größere Aufgaben in Angriff zu nehmen. »Daraus erklärt sich möglicherweise der Umstand, daß ich an Punkten weitermache, wo es eigentlich nicht mehr nötig wäre. Ich vermute, daß die Grenzen, die man von sich kennt, noch nicht die wirklichen Grenzen sind.« (47) Nie hat er das Gefühl, etwas ganz und gar geschafft zu haben, was er erreicht, ist allenfalls eine neue Ebene, von der aus er sich wiederum größere Ziele steckt.

Auf dem Weg dorthin nimmt er unter Umständen auch Schmerzen in Kauf, denn Schmerz kann seiner Meinung nach »eine treibende Kraft« sein. »Manchmal versetze ich mich in einen solchen Zustand wissentlich hinein, weil meine Empfindungsgabe dadurch eher geschärft wird. Selbstverständlich geht das Wort ›Schmerz‹ sehr weit. […] Ich ›prügle‹ mich gern. Auch mit mir. Meine Leistungsfähigkeit wächst, wenn es Widerstände gibt. Widerstände machen kreativ.« (47, S. 55)

Und obwohl er weiß, daß es ihn »Kopf und Kragen kosten [kann], ist es unheimlich verlockend. Auf die Möglichkeit, herauszufinden, was machbar ist, will ich nicht verzichten.«

Ruhe und Entspannung sind Worte, die phasenweise nicht zu seinem Wortschatz zu gehören scheinen. Sein Lebensstil war entsprechend, denn kein Mensch kann sich auf Dauer derart ausbeuten, ohne sich künstlich aufzuputschen. 1988 behauptete Peter Maffay noch mit geschwellter Brust, daß Alkohol ihn mit Reserven versorge, »wenn ich schon längst hätte einen Punkt machen müssen.« (47, S. 56)

Den Ausgleich zwischen Machtanspruch und Dick-köpfigkeit auf der einen Seite sowie Freundlichkeit und Höflichkeit auf der anderen Seite schafft Peters ausgeprägtes Bedürfnis nach Harmonie, das ja auch im-mer wieder Thema seiner sanften romantischen Songs ist. »Ich möchte am liebsten allen eine Freude ma-chen«, sagt er, tut es aber nicht, denn »ich [will] zu keiner Umweltbelastung werden…« (9)

Er ist eben ein weicher Macho und gibt ganz offen zu: »Ich weiß doch auch, daß das Schwachsinn ist, wenn ich singe: Du, ich lieb' nur dich, und das für alle Zeiten. Aber wenn man mit seinen Gefühlen umge-hen kann, dann fängt man an, weich zu werden. Und weich sein ist genau das, was ich möchte.« (49) Daran ändert auch seine Lederjacke nichts oder das Messer, das er immer bei sich trägt.

Der weiche »harte Malocher« bezeichnet sich selbst als ernsten Menschen. Und nach außen hin scheint es tatsächlich manchmal so, als hätte Maffay das Lachen verlernt. Für ihn aber ist es einfach eine Frage des Vertrauens, wie er im Interview gegenüber der »Bunten« offenbart: »Ich esse ja auch nicht mit jedem.«

Was den Außenstehenden sicherlich überrascht, ist die Tatsache, daß der harte Rocker viele Ängste hat. Eine Angst hat er allerdings nicht, nämlich öffentlich darüber zu sprechen: »Ich habe vor all den Situationen Angst, auf die ich keinen Einfluß nehmen kann.« (19)

Deshalb ist er immer sehr auf Sicherheit bedacht, er bezeichnet sich sogar als Sicherheitsfanatiker. »Sicherheit erhöht meine Chance fürs Risiko. Ich kann mich weiter aus dem Fenster lehnen, wenn ich weiß, daß ich angeschnallt bin.« (47, S. 25)

Einen Grund für seine Ängste hält er für Neugierige auch gleich parat: »Ich habe Angst um mein Leben, wahrscheinlich weil ich ein fürchterlicher Egoist bin und noch viel haben will. Das hat zugenommen.« (12)

Peter Maffays Ängste sind ganz banal, aber durchaus begründet. So fürchtet er zum Beispiel »Dummheit und Arroganz der Politiker«, aber auch konkretere Dinge wie »Plutonium, das einfach verschwindet«. (18)

Außerdem leidet er unter Flugangst. Bei dichtem Nebel oder angesagtem Sturm cancelt er lieber alle Termine, als in ein Flugzeug zu steigen. Welch ein Glück, daß seine Tourneen nur in Deutschland stattfinden. Da kann er von Auftritt zu Auftritt mit dem Auto fahren.

Große Angst hat Maffay zudem davor, daß man bei

ihm eine unheilbare Krankheit diagnostizieren könnte. Diese Befürchtungen hat er durchaus zu Recht. Im Mai 1993 ging er wegen Anzeichen für eine Lungenentzündung zum Arzt. Dieser diagnostizierte aufgrund eines Schattens auf dem Röntgenbild eine Krebserkrankung. Das hat den lebenshungrigen Star aufgerüttelt. Von einem Tag auf den anderen stellte er die Scotchflaschen zur Seite und rührte keine Zigarette mehr an, obwohl er tags zuvor noch vier Schachteln geraucht hatte. Und weil es für ihn nur Schwarz oder Weiß gibt und kein Grau, stellte er gleich auch noch komplett seine Ernährung um: Wenig Fleisch, viel Fisch, Obst und Salate.

Und weil Maffay einfach immer gewinnt, ging er sogar aus dieser Krise erhobenen Hauptes hervor. Die Diagnose des Arztes war falsch, es handelte sich tatsächlich nur um einen Infekt. Doch bei seiner neuen Lebensweise ist er geblieben.

Deshalb sieht er jetzt, mit fast 50, aus wie »sein eigenes Röntgenbild in Jeans«, schreibt Axel Thorer. »60 kg und weniger Hintern als Claudia Schiffer.« (38) Vor zehn Jahren wog er noch zwanzig Kilo mehr, wie der Star selbst zugibt. Aber das Leben ohne Alkohol hat Peter nicht nur ein neues Körpergefühl vermittelt. Seit er einen Lebensstil hat, den er früher als asketisch bezeichnet hätte, fühlt er sich viel freier im Kopf: »Es wird nichts vernebelt, nichts beeinflußt.« (25) Und das Gefühl genießt er in vollen Zügen.

Manchmal kann man an ihm geradezu einen Hang zum Philosophischen entdecken. Er redet gerne und meist sehr direkt, aber gelegentlich kommt ihm auch ein entrückter Gedanke über die Lippen. Als man ihn in Anlehnung an einen seiner größten Hits fragte, ob er schon über alle Brücken gegangen sei, über die ein Mensch gehen muß, antwortete er tiefsinnig: »Nein, hinter jeder Brücke kommt wieder eine Brücke. Und auch ganz am Ende gibt es eine Brücke.« (25)

Alter ist für Peter Maffay nicht mehr als eine Tatsache. Schließlich altert jede organische Substanz. Er zitiert in dem Zusammenhang gerne den Bergsteiger Reinhold Messner, der einmal gesagt hat: »Die Geschwindigkeit von vor 20 Jahren habe ich nicht mehr drauf, aber dafür sehr viel mehr Gelassenheit, um mit einer Situation besser fertig zu werden.« (19) Das ist doch ein erstrebenswertes Altern, oder?

6

LEDER, HARLEY, LOVESONGS: DAS MAFFAY-IMAGE

»[Mein Leder-Outfit] war ein Ausrufezeichen,
das sagen sollte: Vorsicht, ich bin gefährlich.
Nehmt mich gefälligst zur Kenntnis, aber kommt
mir nicht zu nahe.« (25)

Wer von Maffay spricht, denkt oft nur an Lederklamotten, eine Harley und oberflächliche Sprüche. Kaum ein Kritiker, der sich die Zeit nimmt, diesem Mann wirklich zuzuhören. Denn dann würde er vielleicht auch bemerken, daß sich hinter dem vordergründigen Maffay-Image ein umfangreiches Kontrastprogramm abspielt.

Peter Maffay war sich schon immer bewußt, daß im Showbizz niemand ohne ein bestimmtes Image auskommt: »Jedes ästhetische Prinzip ist eine Aussage. Wenn ich mir eine Krawatte um den Hals binde, will ich etwas sagen.« (5) Entsprechend kann man schon auf frühen Fotos von Peter Maffay eine fotogene Haltung entdecken. Aus seinen Gesten und Posen spricht, daß Maffay zum Rockstar geboren ist. Egal ob mit Schnorchel und Taucherbrille am Strand, mit engen Hosen, T-Shirt und Haartolle auf den Pressefotos oder auf dem Motorrad privat, Maffay weiß sich immer zu präsentieren. Eine Zeitlang trug er bei seinen Auftritten Sonnenbrillen oder gab sich wie Mick Jagger. Und die Fotos aus seiner ersten Band, »The Dukes«, rufen Erinnerungen an die Beatles-Ära wach: Krawatte, wuschliger Haarschopf, blasierte Attitüde.

Als Schlagersänger präsentierte Peter sich dann ganz anders: wie es in den 70er Jahren Mode war, spazierte er in grellen Hosenanzügen, wildbunten Plateaustiefeln und welligem, dunkelblondem Haar über die Bühnen – seinen Schmollmund hat er bis heute nicht abgelegt.

Mit dem Wandel seiner Musikrichtung wechselte Maffay dann auch das Image. Ab Mitte der 70er Jahre begann er, sich in einer Art Country-Look zu kleiden: Jeans und Leder und schon damals immer ein Knopf zuviel offen. 1977, zu Zeiten von »Tame & Maffay« präsentierte er sich schon so, wie er es heute noch tut: Jeans, Leder, Muskeln und viel nackte Haut wurden zu seinem Markenzeichen. Der Rocker mit der Harley, dem Lederoutfit und dem Messer in der Tasche, das brachte ihm bald den Ruf eines »Hell's Angel« ein.

Alkohol und Zigaretten taten das ihre dazu, um dieses Image zu komplettieren. Es gibt nicht wenige Fotos, auf denen er so zu sehen ist: sein Blick ziellos in die Ferne gehend, barbrüstig, in der einen Hand die Bierflasche in der anderen die qualmende Zigarette.

Über seine berüchtigten cholerischen Anfälle wunderte sich lange Zeit niemand, und es war sicher nicht zuletzt sein rauher, bestimmter Umgangston, der ihm die Hauptrolle als rauhbeiniger Kommissar in »Der Joker« verschaffte.

Seine beiden Motorradunfälle, obwohl ganz bestimmt nicht beabsichtigt, unterstrichen natürlich noch das Bild des wilden Kerls, das sich die Öffentlichkeit von ihm gemacht hatte. Aber dieses Image begann bald ein wenig zu bröckeln.

Nachdem bei seinem zweiten Unfall ein Junge ums Leben gekommen war, sagte der »Tough Boy« alle Gigs ab und zog sich zurück, um den Schock zu verarbeiten.

Seinen Fans wurde nun spätestens klar: Maffays Image des harten, wilden Rockers ist nicht mehr als eine Fassade, hinter der er seine Feinfühligkeit verbirgt.

Wie brüchig dieses coole Image wirklich ist, zeigt sich auch an seiner Reaktion zur Fehldiagnose Krebs: »Ich hatte riesigen Schiß! Ich konnte es plötzlich nicht fassen, daß ich meinen Körper so geschunden hatte.« (18) Plötzlich mußte er der Möglichkeit ins Auge sehen, daß er vielleicht nicht mehr viel Zeit haben würde. Das hat Peter Maffay wachgerüttelt. »Ich erkannte auf einmal, wieviel Zeit ich leichtfertig vertan hatte.« (18)

Einen Teil dessen, was sein Image ausmachte, hat er daraufhin drangegeben: Alkohol und Zigaretten. Aber bei der Motorrad-Kluft ist er geblieben.

Statt mit Drogen törnt er sich heute lieber mit einer Fahrrad-Tour an oder damit, daß er die Treppen bis in den 7. Stock hochrennen kann, ohne sich dabei die Lunge aus dem Leib zu husten.

Peter Maffay steht zu seinem Look: »Ich muß mich nicht ändern«, sagt er bestimmt. »Soll ich schicke Anzüge tragen?« Wie zur Bestätigung verweist er auf seinen Kleiderschrank: »Ich habe welche. Schaun Sie, ich trage Jeans, die 1970 modern waren, sie sind es wieder. Wie meine Biker-Boots.« (12) Und schließlich gibt es außer ihm noch Tausende von Motorradfahrern, die ebenfalls ihre Kluft am liebsten nie ausziehen.

Auch wegen seines Harley-Davidson-Gürtels läßt er nicht mit sich diskutieren. Er trägt ihn zwar, aber das macht ihn noch lange nicht zu einem Mitglied in irgendeinem Club. »Ich kann auch nicht wirklich an einem Bock herumschrauben. Wenn es kompliziert wird, fehlt mir das Wissen. Aber gerissene Seilzüge an einer Bremse werde ich wohl wechseln können.« (5) Er liebt es einfach, Motorrad zu fahren, nicht mehr und nicht weniger. Allerdings macht er sich darüber auch so seine Gedanken: »Mein ökologisches Gewissen meldet sich zwar, wenn ich mit meiner Harley fahre – aber es macht tierisch Spaß.« (15)

Schon in seiner Jugend hatte das Motorrad eine besondere Bedeutung für Peter: »Diese Kraftentfaltung ist ja Ventil für soziale Differenzen. Ich hatte mit 18 meinen Bock und bin damit in die Schule gefahren; dem Lehrer, der mit dem Fahrrad kam, habe ich die Harke gezeigt. Sicher ist es primitiv, aber es funktionierte wie ein Instinkt.« (47, S. 26)

Seinen Haarschnitt hat er seit mindestens 20 Jahren nicht geändert. »Soll ich mir 'ne Glatze schneiden?« fragt er. Er ist eher stolz, daß er mit knapp 50 überhaupt noch so viele Haare hat. Auch seine jetzt dritte

Ehefrau Micky, die gelernte Friseurin ist, kann ihn nicht zu einem neuen Look überreden. Maffay bleibt eben Maffay.

Er käme auch nie auf die Idee, sich das Muttermal über seiner Lippe wegoperieren zu lassen. »Ich komme damit klar. Dann müßte man ja diese wunderschöne Dame, Frau Cindy Crawford, auch anhalten, das zu entfernen... wobei ich unsere Gesichter nicht vergleichen möchte« (19), sagt er schmunzelnd. Selbst für seinen ständigen Begleiter, das Messer in seiner Tasche, findet er eine plausible Erklärung: »In der Ecke, aus der ich komme, in Transsylvanien, hatten das viele Leute. Das ist eine Gewohnheit.« Schließlich gibt es auch Leute, die mit Pfeil und Bogen durch die Wälder rennen. »Was heißt das schon? Erst wenn man die Waffe benutzt, gewinnt sie an Bedeutung.« (49)

Mit seiner »Un-Größe« hat er sich nicht immer leicht getan. Besonders in seiner Kindheit, in der er nach eigenen Angaben ein loses Mundwerk hatte, war das Risiko groß, eins aufs Maul zu kriegen. »Ich mußte also etwas mit mir unternehmen, um das zu egalisieren. Nun bin ich nicht Sylvester Stallone, aber für mich ist Kraft ein Korrektiv für Dinge, die ich nicht zur Genüge habe.« (47, S. 25)

Heute geht er gelassener mit seiner Körpergröße um. Er läßt sogar seinen Gitarristen, den 2,02 Meter großen Carl Carlton, mit auf die Bühne, »ich habe ihm nur gesagt, er darf sich dem Mikrofon, an dem ich singe, nie nähern. Er hat mit mir einmal über dasselbe

Mikro gesungen, und ich habe ihm fast die Freundschaft gekündigt« (19), setzt er scherzhaft hinzu.

Probleme hat er heute wirklich nicht mehr. Sicherlich hat es auch damit zu tun, daß er seine mangelnde Körpergröße mit Kraft kompensiert. Er trainiert seinen Körper regelmäßig genug, um sich durchaus auch mit Größeren messen zu können. »Damit das so bleibt, tue ich auch einiges.« (19)

Früher hat er sich häufiger darüber Gedanken gemacht, ob er gegen Größere bestehen kann, denn er wollte es unbedingt vermeiden, »eins in die Fresse zu bekommen«. »Meine Antwort muß radikal ausfallen, und das zuerst«, erinnert er sich. »Denn wenn ein Zweimetermann mit einem Bizepsumfang von der Größe meines Oberschenkels mir eine einschenkt, dann segle ich erst mal – ohne Flügel zu bekommen – durch den Raum. Also muß ich etwas tun, was denjenigen davon abhält.« (19)

Irgendwann hat ihn dann wirklich mal jemand angemacht. »Ich wußte nicht, daß meine Faust so wirkungsvoll ist.« Aber er setzt erklärend hinzu: »Es war kein Präventivschlag, sondern eine Antwort.« Einerseits hat ihm diese Erfahrung einiges an Selbstvertrauen gegeben, andererseits, so sagt er, »habe ich mich wahnsinnig geschämt, daß ich mein Prinzip der Gewaltlosigkeit gebrochen hatte.« Aber seither weiß Peter Maffay, »wenn's denn mal sein muß, klappt's ja.« Dummer Spruch, gibt er zu, »aber ich dachte so.«

Daß Maffay seine Muskeln zum Draufhauen oder Kräftemessen einsetzt, bleibt eher die Ausnahme. Dafür spielen sie eine wichtige Rolle auf seinen Fotos, aber vor allem braucht er sie auf der Bühne: »Viele Dinge, die ich mache, sind ein physischer Kraftakt. Das muß mir mein Körper geben. Ich kann eine Gitarre nur dann gut spielen, wenn ich Muskelkraft einsetze. Es gibt Gitarristen, die das anders machen. Dieser Aufwand findet bei mir in vielerlei Hinsicht statt, bis hin in den Kopf.« (47, S. 26)

Und auch das ist Teil seines Images: sein Körpereinsatz. Das sei ihm irgendwann einmal in Fleisch und Blut übergegangen, erzählt er. Seine Musik habe sehr viel mit Physik zu tun und Physik viel mit Körpersprache. »Ich bin mir schon darüber klar, daß mein Körper einiges erzählt, was ich nicht verbalisiere. Das hat ohne Frage auch etwas mit Sexualität zu tun. Du kannst ein Solo spielen und dich dazu bewegen, und es wird dann... geil. Soll ich meinen Körper etwa verstecken?« (19) Diese Frage würden sicher vor allem seine weiblichen Fans vehement verneinen.

Für viele ist Peter Maffay ein Mann voller Widersprüche. Seine sanften Worte zu harten Gitarrenklängen, sein harter Draufgänger-Look, sein Harmoniebedürfnis, sein musikalisches Angebot von Hardrock und Musical-Märchen. Für den Künstler selbst sind diese Widersprüche eine Selbstverständlichkeit. »Es ist doch so, daß diese beiden Komponenten in jedem Musiker stecken«, erklärt er. Bei »normalen« Menschen, die keine Platten machen, wird es akzeptiert, wenn sie mal in dieser, mal in jener Stimmung sind, beschwert er sich. »Da benimmt sich einer blöd, und am anderen

Tag kann er wunderbar streicheln. Nur wenn man Musiker ist, dann paßt man natürlich wieder nicht in eine Schublade. Ich kann mir nicht vorstellen, daß Leute wie »AC/DC« pausenlos irgendwelche Schaufenster eintreten oder alte Omas in irgendwelchen Bussen ärgern, nur weil sie harte Musik spielen.« (42)

7

ZIELSCHEIBE DER NATION: MAFFAY UND SEINE KRITIKER

> »Immer, wenn ich mal wieder von mir als
> simplem Typen gelesen habe, dann gehe ich nach
> Hause, lege mir eine Platte von Mahler auf und
> lese ein deutsches, rumänisches, ungarisches oder
> spanisches Buch.« (9)

Es gibt wohl kaum einen Musiker seines Kalibers, über den so viele böse Dinge geschrieben wurden wie über Peter Maffay. Und auch heute, nach über 25 Jahren Karriere, gibt es noch Gegner, die ihm seinen Erfolg ganz offensichtlich übelnehmen. Die Liste der Kritiker ist lang – doch noch sehr viel länger ist die Liste der Fans. Deshalb kann Maffay über böse Kritiken meist herzlich lachen. Und in der Tat, wenn man sie einmal mit etwas Abstand betrachtet, entdeckt man darin wirklich einen gewissen Unterhaltungswert.

Das härteste, was wohl je über ihn geschrieben wurde, ist folgende Äußerung des Musikerkollegen Heinz Rudolf Kunze: »Die Texte sind allesamt so schlecht, und zwar schon handwerklich, daß sie entglitschen bei jedem Versuch, sie auf irgendeinen Punkt zu bringen. Ein Mann wie Maffay, dessen Wirkungsmacht höchst dringlich darauf beruht, daß viele ihm glauben, daß er sein Innerstes nach außen stülpt, singt Texte von der ausgereiften Unverwechselbarkeit eines IKEA-Möbels

[...] Peter ist ein Jimmy Dean aus Wanne-Eickel, ein Prügelknabe mit Erleuchtungserlebnis [...] Die Liebe, die ein Maffay verspricht, ist das probate Schlafmittel für alle weiblichen Putzteufel, die unter Heulen und Zähneklappern das Vertrauen zu ihrem Geschirrspülmittel verloren haben...« (51)

Darüber hinaus gibt es natürlich noch unzählige andere wenig charmante Kritiken. Hier einige davon: »Maffay verkauft Gefühle wie Marshmellows. Sie strahlen in zarten Pastelltönen, fühlen sich wohlig und weich an, verkleben den Magen, und wenn man sich darauf setzt, werden sie platt. Am Ende bleibt der Brei. Tabaluga und Lilli ist billiger als Euro-Disney und anspruchsvoller als eine Butterfahrt. Unterhaltung für die ganze Familie, die es nicht besser verdient hat.« (35)

»Maffay mimt mal wieder den Macho [...] Der Möchtegern-Harte ist immer noch ein Softie [...] Mit seinen Texten ist Maffay dagegen immer noch das beste Argument, zu englischsprachigen CDs zu greifen. Auch wenn die Texte dort vielleicht ähnlich dämlich sind – man versteht's wenigstens nicht so genau...« (31)

»Mit recht ordentlichen Texten, die sich nicht permanent der Klischees bedienen, blubberten lautstark seichte 08/15-Nummern aus den Boxentürmen, die vor allem einen Schluß nahelegten: Nichts Neues, alles schon mal gehört.« (3)

»Ist Maffay tatsächlich der alternative Typ, den sich das Publikum zwischen 12 und 32, zwischen Konfirmationsanzug, Diskochick, Freak-Outfit und Jeans-

Look vorstellt? Oder doch nur die große Freiheit Marke Marlboro, aber gesungen.« (52)

»Ein schlechter Verlierer. Maffay stellte sich unreife Visitenkarte aus [...] Er hatte sein Programm extra rockig gestaltet und seine schnulzigen Sagen wie »Lieber Gott« gleich vergessen. Doch statt der erhofften Zustimmung der in der Hitze brütenden Stone-Fans mußte Maffay erleben, wie ihn die Rock-Freunde gnadenlos ausbuhten [...] Als er dann noch wagte, seinen von »Karat« geklauten Hit »Über sieben Brücken« zu spielen, war für die Stone-Fans alles aus. Sie pfiffen, was das Zeug hielt, vom Text war nichts mehr zu verstehen.« (53)

Wenn man solche teilweise unter die Gürtellinie gehenden Verrisse liest, wundert es einen nicht mehr, wenn der sensible Songschreiber seinen Glauben an eine faire Berichterstattung verloren hat und entsprechend vorsichtiger im Umgang mit der Presse geworden ist. »Ich habe keinen Bock auf diese blassen Homestorys mit Rasenmäher und Schürze und weiß der Kuckuck was.« Seit einiger Zeit gilt für alle Journalisten, daß bei Interviews immer ein Band mitläuft und er die Artikel gegenliest, bevor sie in den Druck gehen. »Ich habe es satt, daß sie mich willkürlich interpretieren, es sei denn, sie drucken meine Aussage korrekt und kommentieren sie im Anschluß. Dann hat der Leser eine Chance zu entscheiden, wem er mehr glaubt.« Schließlich verspricht sich Maffay mehr von Interviews als platte Pressepromotion. Er redet gern und möchte den Lesern seine Meinungen mit auf den

Weg geben. Deshalb akzeptiert er »niemanden, der mir und meinem Vorhaben gedankenlos schadet.« (47, S. 30 ff.)

Wenn es trotzdem gelegentlich noch einmal passiert, daß Peter Maffay in der Presse verrissen wird – und das ist inzwischen seltener geworden –, dann reagiert er heute wesentlich gelassener darauf als früher: »Ich respektiere jeden, der mir Gründe seiner Ablehnung liefert. Zu viele weigerten sich jedoch zu merken, daß ich inzwischen auf einer anderen Aschenbahn, unter veränderten Bedingungen laufe.« (9)

Was er allerdings nach wie vor nicht abkann ist, wenn man seine Fans beleidigt, nur weil man seine Musik nicht mag. Das findet Peter in etwa so hinterhältig, wie wenn man einen kleinen Jungen verprügelt, nur weil man sich an den großen Bruder nicht rantraut.

Auch das Schubladendenken findet er nicht so klasse, obwohl er mit dem alten Springsteen-Vergleich ganz gut zurecht kommt. »Springsteen [...] gefällt mir. Aus ähnlichem Holz bin ich geschnitzt. Wenn man mich mit Springsteen vergleicht – welche Ehre.« Aber bescheiden setzt er gleich hinzu, daß dieser natürlich der bessere Mann sei. »Aber davon abgesehen hat er die gleiche Wellenlänge: drei Harmonien rauf und runter, ein bißchen Herz, ein bißchen Schmerz.« Mehr ist es nicht. »Shit, ich bekenne mich total dazu. Ich bin nicht Stockhausen.« (49)

Auch über seine Freundschaft mit SPD-Politiker Oskar Lafontaine, der übrigens angeblich Peters Trauzeuge war, wird sich gerne mokiert. Er selbst findet daran nichts Außergewöhnliches. »Es ist die Schere im Kopf mancher Betrachter, die sagen: Es kann nicht sein, was nicht sein darf. Die Schwierigkeit besteht nicht in der Beurteilung von Oskar Lafontaine, sondern sie liegt in der Beurteilung des Herrn Maffay, der für viele halt ein Analphabet ist.« (19) Dabei ist Maffay, entgegen den Erwartungen vieler, durchaus in der Lage, sich klar zu artikulieren.

Nervt das nicht, als Bildungsidiot tituliert zu werden? »Ich verstehe schon, daß es diese Position gibt – ich empfinde das als ärmlich. Ich muß mich nicht legitimieren. Ich rede lieber über die Zukunft.« (19)

Viele Kritiker können immer noch nicht verstehen, warum Maffay nach wie vor deutsche Texte singt. Aber auch darauf hat er die rechte Antwort parat: »Hierzulande gibt es noch immer massenhaft Leute, die sich über Texte in der Landessprache mokieren und zur gleichen Zeit jeden Schrott aus England oder Übersee kritiklos konsumieren.« (6)

Daß seine Songs kitschig seien, empfindet er keineswegs als Vorwurf: »Kitsch ist etwas Relatives. Fett zum Beispiel ist triefend, wenn man es stark erhitzt. Aber bei einer bestimmten Temperatur erhält man eine gerade noch feste Form – und in diesem Zustand läßt es sich verdammt gut verarbeiten.« (26)

Maffays entwaffnende Ehrlichkeit verschlägt so manchem Kritiker die Sprache. Am Ende hat Peter doch den längeren Atem, wie folgende Geschichte zeigt.

Einige Zeit nach der Veröffentlichung seines giftigen

Artikels lud Maffay Heinz Rudolf Kunze kurzerhand ein, eines seiner Konzerte zu besuchen. Danach widmete dieser dem Rocksänger folgende Zeilen:

»Maffay hat sich wie ein Gentleman benommen. Ich war damals in der Sturm- und Drang-Phase und brauchte jemanden, an dem ich mich abarbeiten konnte. Das ist ein üblicher Vorgang – ich erlebe es inzwischen am eigenen Leib, daß Leute nachrücken und mich für einen Popanz halten, den sie früher mal toll fanden, der aber nur noch zynisch die Leute abkocht. Ich habe mit Peters Texten sofort auf Kriegsfuß gestanden. Als ich den Artikel für »tip« gemacht habe, dachte ich nicht daran, daß so ein übergroßer Typ das überhaupt zur Kenntnis nimmt. Da habe ich mich aber geirrt. Er hat mich zu einem Konzert nach Frankfurt eingeladen. Hinterher in der Garderobe dachte ich, jetzt setzt es Hiebe. Aber er kam sehr euphorisch auf mich zu, denn er hatte wieder einmal – wie immer natürlich – vollkommen abgeräumt. Wir haben stundenlang gesessen und die Sache durchgekaut. Er sagte ganz offen, daß ihm der Artikel sehr weh getan hat. Mich verblüffte das, denn ich wollte ihn persönlich nicht verletzen. Nach dieser Begegnung muß ich sagen: Der Mann ist richtig, aber ich finde seine Texte deswegen nicht besser.« (49)

Viel Wind nimmt Maffay seinen Kritikern natürlich auch damit aus den Segeln, daß er sich offen zu seinen Fehlern bekennt: Er spricht über seine zerbrochenen Beziehungen, seine Vorliebe für Schnulzen und Schlager und bekennt sich auch zu schlechten bzw. unwich-

71

tigen Songs. »Es ist mir klar, daß viele meiner Songs überhaupt nicht wichtig waren.« (19)

Und Anfang 1996 bekannte er anläßlich seines aktuellen Albums, Bernie Conrads habe ihn »weggeführt von der Knüppelei, die manche meiner früheren Werke leider auszeichnete.« (10)

Selbst zum katastrophalen Ausgang der Stones-Tour bekennt er sich ohne Umschweife: »Heute würde ich sagen: eine fabelhafte Lehre. Das war blanke Überhebung. Jetzt würde ich mir überlegen, ob ich mit einem solchen Akt auf die Bühne gehe. Aber ich könnte es eher als damals, würde mich ganz anders vorbereiten. Würde nicht versuchen, es einfach mitzunehmen, nur um Punkte zu machen.« (47, S. 47)

Maffay ist im Gegensatz zu vielen anderen Kollegen extrem selbstkritisch. Das ist auch der Grund, warum er sich nur selten seine Auftritte im Fernsehen oder auf Video anschaut: »Ich habe zuviel Angst, zuviel nicht richtig gemacht zu haben.« (38)

Und weil er sich selbst sehr kritisch gegenübersteht, hat er es nicht nötig, wie andere, über Kollegen zu wettern. Im Gegenteil, er vermeidet dies sogar ganz bewußt, weil er weiß, daß man damit hauptsächlich der Presse ein gefundenes Fressen liefert: »Der Krieg in der Liga findet doch ja zunächst zur Freude derer statt, die darüber berichten.« Eine wichtige Rolle spielen in diesem Zusammenhang auch die Plattenfirmen, die hierzulande »eine absurde Angst vor etwaiger Image-Beschädigung ihrer Stars [haben]«. (9)

Natürlich ist es so, daß es ihm seine große Beliebtheit einfach macht, negative Kritik wegzustecken. Wenn Millionen seine Platten kaufen, jedes Album innerhalb von Tagen bis an die Spitze der Charts klettert, Hunderttausende innerhalb von Tagen sämtliche Konzertkarten für seine Tournee aufkaufen, können ein paar schlecht gelaunte Kritiker diesen Riesenerfolg nicht wegreden. Was kann man einem Star wie ihm schon anhaben, wenn er Fans hat wie diesen: »Neben dem Star zum Anfassen ist Peter Maffay, ganz sicher auch Erklärung des Erfolges, vor allem Bürger geblieben, der keine höheren Phrasen, sondern durchaus bedenkenswerte Statements zur Tagespolitik liefert.« (6)

Peter Maffay hat inzwischen längst erreicht, was er wirklich will: Musik machen, Menschen begeistern, bewegen, berühren – und ganz nebenbei damit hochnäsige Kritiker eines Besseren belehren.

8

EIN LEBEN VOLLER HARMONIE UND TRENNUNGEN

Peter Maffay ist, wie schon erwähnt, ein Mann der Gegensätze: Er gibt sich rauhbeinig, zischt mit seiner heißen Harley am Seeufer entlang und zieht mit Lederklamotten und Jeans durch die Welt. Andererseits singt er gefühlvolle Balladen, sanfte Schnulzen und gibt sich in Interviews durchaus feinfühlig. Er ist dickköpfig, besonnen, nachdenklich und hartnäckig, zeichnet sich aber andererseits durch ein ausgeprägtes Harmoniebedürfnis aus. »Harmonie ist für mich der übergeordnete Begriff. Harmonie mit mir selbst, Harmonie mit anderen Menschen, Harmonie mit meiner Umwelt.« (48, S. 37)

Doch trotz seines großen Harmoniebedürfnisses scheut Peter Maffay sich nicht, sowohl in geschäftlichen als auch in privaten Beziehungen die Konsequenzen zu ziehen, wenn es zusammen nicht mehr klappt: Er trennte sich bereits von zwei Ehefrauen, und er trennte sich von Tourmanagern, Songschreibern und Plattenfirmen. Andererseits ist seine Band schon seit Jahren zusammen.

Bertram Engel, der Schlagzeuger, meint dazu: »Peter ist ein Bandarbeiter, mehr dieser Familiendenker.« (47, S. 38)

Seine Band ist ihm zur Familie geworden. Sein Verhältnis zu ihr beschreibt Maffay mit folgenden Worten: »Wir haben so trainiert, daß wir auch bei ernsthaften Auseinandersetzungen die Harmonie im Grunde wahren können.« Mit allen Bandmitgliedern spielt er seit 12, mit manchen sogar schon seit 15 Jahren zusammen. Dabei ist es nicht einfach, eine so »alte« Band zu haben, erklärt er weiter. »Wenn wir nicht wirklich zusammengeschweißtes Material sind, geht nichts.«

Mit Bertram Engel, Carl Carlton, Frank Diez, Jean-Jaques Kravetz fühlt er sich absolut auf einer Wellenlänge. »Da ist mir nicht einer lieber als der andere.«

Es ist ganz klar, daß sie alle Profis sind, trotzdem sind sie keine Maschinen. »Ich kann dir sagen, daß niemand in diesem Kreis Angst davor hat, daß wir nicht miteinander harmonieren. Ich kann dir aber auch sagen, daß jeder auf jeden wie ein Luchs aufpaßt, damit er sich richtig verhält und keine Fehler macht.« (47, S. 33)

Diese Übereinstimmung ist für ihn die Grundvoraussetzung für eine Zusammenarbeit. Ein Mensch mit der Lebensmaxime »Ich lass' den Dingen einfach so ihren Lauf« kann ihm allerhöchstens ein prächtiger Freund sein, zusammenarbeiten aber könnte er mit ihm nicht. Schließlich wäre so eine lasche Einstellung in seinen Augen auch eine Gefährdung für die anderen Bandmitglieder.

Der Musiker hält viel von Loyalität – und das in jeder Situation. »Wenn es Zirkus gibt und ich stehe vom Tisch auf, dann erwarte ich, daß die Leute, mit denen ich zusammen bin, auch aufstehen. Ich würde auch für sie aufstehen, selbst wenn es sachlich nicht richtig ist.« (47, S. 26)

Der Erfolg seiner Arbeit gibt ihm recht. Vieles von dem, was er bereits erreicht hat, schreibt er auch seiner intensiven Zusammenarbeit mit der Band zu: »Ich hatte immer das Glück, liebe Menschen an meiner Seite zu haben, die mich unterstützen. Ich habe mir immer solche Beziehungen gesucht.« Oberflächlichkeit und Unehrlichkeit finden weder im privaten noch im geschäftlichen Bereich Platz. »Auch der ›Tabaluga‹-Erfolg gründet auf einer ausgesprochen guten Teamarbeit mit netten und professionellen Kollegen.« (18)

Das Resultat dieser gemeinschaftlichen Austragungen ist, daß bisher relativ wenige Dinge ernsthaft schief gelaufen sind. »Fritz Rau paßt gut auf mich auf und umgekehrt. Bei den Jungs der Band ist es nicht anders. Und jeder hat jeden ein bißchen im Auge und hilft ihm, wenn er Probleme hat. Was zählt ist, wie ernsthaft man seinen Job macht.« (19)

Aber Maffays Loyalität beschränkt sich nicht nur auf die Musiker in seiner Band. In Anerkennung für die harte Arbeit, die sie jeden Abend leisten müssen, hat der Star sogar seinen Roadies einen Song gewidmet.

Beziehungen sind für Peter Maffay äußerst wichtig:

»Ich bin ein Beziehungsmensch. Ich mag es, mit jemandem eine langfristige Perspektive zu entwickeln. Ich stehe auf Kontinuität.« (5)

Welchen Stellenwert Beziehungen für ihn haben, zeigt sich schon im Umgang mit seinen Eltern. Von dem ersten Geld, das er mit seiner Musik verdiente, lud er sie auf eine Amerikareise ein – sozusagen als Trost dafür, daß es mit dem Auswandern dorthin nichts geworden war. Wenig später baute er ihnen in Taufkirchen ein Haus.

Und Maffay war stolz »wie ein Pavian«, wie er gesteht, als er seinem Vater versprechen konnte, daß dieser sich keine Sorgen mehr um ihn machen müsse. Aber Eltern bleiben natürlich immer Eltern. Sie machen sich trotz seines Versprechens auch heute noch Gedanken um ihn. »Wenn ich sie besuche und komme nachts nach Hause, liegt meine Mutter immer noch wach und fragt, wieso ich erst so spät zurück bin.« (47, S. 27)

Peter hat bis heute ein gutes Verhältnis zu seinen Eltern. Er nimmt es ihnen nicht einmal übel, daß sie seinetwegen nicht gerade vor Stolz platzen. Es reicht ihm zu wissen, daß, wenn ihn sein Vater bei einem Konzert in der Münchner Olympiahalle besucht, »er etwas an sich hat, was in einem Satz zusammengefaßt heißen könnte: Ich bin der Vater von dem da oben.« (19)

Und seine Mutter? Bei ihr ist es noch weitaus schwieriger, derartige Gefühle auszumachen. Von einem Selbstmordversuch vor einigen Jahren hat sie sich nie wieder richtig erholt. Selbst wenn sie stolz auf ihren Sohn wäre, hätte sie Schwierigkeiten, ihm dies zu vermitteln, »weil sie sich sprachlich nicht mehr artikulieren kann.« (19)

Über seine Mutter spricht Maffay nicht gerne. Schließlich hat sie »unter dem Rummel um ihre Person sehr gelitten.« (18)

Was Beziehungen für ihn bedeuten, läßt sich auch daran ablesen, wie er mit den Trennungen von seinen ersten beiden Ehefrauen umgeht. Petra Küfner heiratete er im Frühjahr 1975 nach drei Jahren Beziehung. Im März 1978 lernt er Chris Heinze kennen. Zwar reist er im Sommer noch mit Petra um die halbe Welt, aber eine Trennung ist dennoch unvermeidlich. Im Frühjahr 1979 läßt er sich scheiden. 1981 heiratet er seine zweite Frau, aber auch die Ehe mit Chris sollte nicht lange halten. Nach fünf Jahren gehen sie bereits wieder getrennte Wege. Aber anstatt die Gründe für das Scheitern der Beziehungen bei seinen Ehefrauen zu suchen und selbst alle Schuld von sich zu weisen, sucht Peter Maffay die Fehler bei sich: »Ich lebte viele Jahre einfach in den Tag hinein, ließ mich nur zum Spaß vollaufen und merkte erst später, daß der Alkohol mein Wesen veränderte. Meine Stimmungen schwankten, mein Umfeld litt, meine beiden ersten Ehe scheiterten daran.« (18)

Daß er bei beiden Scheidungen viel Geld lassen mußte, kann ihn nicht aufregen: »Ich habe meinen Ex-Frauen nichts gezahlt, ich habe mit ihnen geteilt.« (25)

Mit Micky hat er nun eine ganz andere Beziehung,

action press, Hamburg

oben: Set, München; unten: Set, München

Set, München

Fotex, Hamburg

Set, München

oben: action press, Hamburg; unten: Fotex, Hamburg

Set, München

Set, München

zum einen, weil er nicht mehr trinkt, zum anderen, weil er sich vorher intensiv damit auseinandergesetzt hat, was es bedeutet, diese dritte Ehe einzugehen: »Jetzt bei der dritten Heirat wurde das ultimative Versprechen zum erstenmal wirklich gegeben. Ich habe mir diese Entscheidung, wieder zu heiraten, so gewünscht – mehr und überlegter, als das vorher der Fall war.« (19)

Trotzdem kleben die beiden keineswegs wie Kletten aneinander. Sie haben sich das Versprechen gegeben, sich nicht gegenseitig besitzen zu wollen. Micky hat völlige Entscheidungsfreiheit, sie kann auch mit ihrer Zeit anfangen, was sie will. »Wenn das meine Belange zu sehr in Mitleidenschaft zieht, würde ich ihr das sagen. Und wenn es nicht anders geht, würde ich mich trennen. Umgekehrt hat sie die gleiche Möglichkeit.« (19)

Micky hat einen großen Einfluß auf den Star, und zwar durchweg einen positiven. Peter wollte ja schon länger etwas besser auf sich aufpassen, aber er war darin nie sehr konsequent. »Das hat erst richtig funktioniert, seit ich mit Micky zusammen bin.« (19)

Erst mit ihr hat er die Bedeutung von Treue richtig schätzen gelernt: »Damals mit 20, 25 war das anders. Aber ich gehe schon lange nicht mehr fremd. Ich möchte niemanden verletzen.« (25) Eifersucht kennt er dagegen schon lange, allerdings hat sie, seit er mit Micky zusammen ist, eine neue Dimension angenommen. »Micky bedeutet mir soviel, daß es mir nicht schwerfällt, von 0 auf 180 zu kommen. Wobei ich auf-

passen muß, daß ich mich nicht lächerlich mache.«
(19)

Wegen des Altersunterschieds von 17 Jahren zwischen ihm und Micky macht er sich wenig Gedanken:
»Sie gibt mir ihre Unbeschwertheit. Ich möchte ihr Geborgenheit geben.« (25) Und auch sprachlich ist es kein Problem, ein gemeinsames Level zu finden, denn »meine Sprache ist der eines 20jährigen ähnlicher als der eines 50jährigen«. (25)

Ob er für Micky wohl schon einmal einen Song geschrieben hat? »Ich mache doch ganze Alben für sie.«
(5) Die große Liebe also – diesmal für immer und ewig?

Von seiner Adoptivtochter Nina lebt er getrennt. Sie lebt bei ihrer Mutter, die inzwischen ebenfalls wieder geheiratet hat. »Dort ist sie gut aufgehoben«, sagt Peter Maffay, und er freut sich, daß die Gemeinsamkeiten mit seiner Tochter wachsen. »Wir sehen uns regelmäßig, wenn auch nicht sehr oft.« Einen Teil des vergangenen Sommers hat Nina mit Peter und Micky verbracht. »Das war sehr spannend für mich und, so glaube ich, auch für sie. Ich bin ihr Kumpel.« (15) Aber Vater und Tochter müssen, wie Maffay zugibt, noch üben, »offener miteinander zu reden.«

Er hat keine Angst, daß die Trennung dem Kind nachhaltig geschadet hat, denn er glaubt, daß der Mann seiner Ex-Frau eine bessere Bezugsperson für sie ist, als er es jemals sein könnte.

Durch seine Arbeit an »Tabaluga« hat sich sein Verhältnis zu Kindern zwar intensiviert, aber »ich bin in dieser Hinsicht nicht sehr belastbar. Kinder brauchen Zeit und Zuwendung – das schaffe ich nicht.« (18)

Weitere Kinder müssen daher auch nicht sein. Ernsthaft geplant ist jedenfalls keins: »Aber wer weiß, viel Zeit habe ich nicht mehr. Denn wer will mit 60 noch Vater werden?« (18)

Und schließlich gibt es für einen Menschen wie Peter Maffay noch eine weitere sehr wichtige Beziehung: die zu seinen Fans. Ein Star von seinem Kaliber könnte tun, was andere Rockmusiker weltweit tun: sich so weit wie möglich von den Fans abschotten. Das ist der beste Weg, um die größte Neugier und geradezu eine Hysterie bei den Fans auszulösen, wie man am Beispiel der Kelly Family oder an Michael Jackson sieht. Und es liegt gar nicht daran, daß Maffay keine Lust darauf hat, in der dicken Limousine vorzufahren, sich dann, von Bodyguards umgeben, ins Hotel einzuschleusen, die Tür hinter sich zuzuschlagen, um dann in Ruhe Sekt und Kaviar vertilgen zu können. Es ist vielmehr so, daß er gar nicht diese Gefühlskälte entwickeln könnte, die man braucht, um einfach an Menschen vorbeizugehen, die das Bedürfnis haben, ihm auf die Schulter zu klopfen.

Deshalb wohnt er nicht irgendwo in einer abgelegenen Villa mit hohem Elektrozaun, sondern direkt am Starnberger See, mitten im Touristenörtchen Tutzing, nur ein paar Meter von der Hauptstraße entfernt. Zäune und Absperrungen gibt es nicht. Peter Maffay ist ein Star zum Anfassen, und das ist durchaus wörtlich zu nehmen: »Gelegentlich klingeln ganze Familien an meiner Tür, wundern und freuen sich, daß ich wirklich dahinter wohne.« (47, S. 29)

Natürlich bekommt er säckeweise Fanpost, und manche Fans vertrauen ihm darin sehr viel an, »schreiben mir wie einem guten Bekannten.«

Aber es ist nicht nur, daß er für seine Fans da ist, sondern auch umgekehrt. Dieses Geben und Nehmen ist es, was eine Beziehung ausmacht: »Ich spüre 10.000 Leute in einer Halle. Erhobene Hände und offene Gesichter sind für mich ein Geschenk. Dieses Geschenk erfahre ich und gebe es zurück.« (47, S. 68)

So ist er auch um den Ruf seiner Fans mehr besorgt als um seinen eigenen. Wenn jemand an ihnen Kritik übt, ergreift er für sie Partei: »Wer mich nicht mag und dafür Argumente liefert, ist willkommen; wer indes seinen Frust abarbeitet, indem er meine Hörer beschimpft, darf von mir im besten Falle Mitleid erwarten.« (6)

Peter Maffay setzt sich intensiv mit den Problemen und Interessen seiner Hörer auseinander. Bei jedem Song fragt er sich, »ob meine Hörer wohl im Moment die gleichen Themen bewegen wie mich selbst. Ich muß, bei allem Erfolg, in erster Linie Konsument bleiben, um nicht an meinen Fans vorbeizureden.« (6)

9

POLITIK UND
ROCK 'N' ROLL

»Im Laufe der Zeit bin ich tiefgründiger
geworden in meinen Textaussagen, weil ich die
ungeheure Einflußmöglichkeit immer mehr
erkenne.« (48, S. 36)

Politik war in Peter Maffays Leben schon immer von Bedeutung. Während seiner Kindheit durfte Politik in Rumänien kein Thema sein, vielleicht hat er sich gerade deshalb später in diesem Bereich sehr engagiert. Auslöser für sein politisches Engagement war ein Interview in einer Illustrierten. Das war im Oktober 1977, als der »Stern« dem damals noch jungen Star zum ersten Mal eine große Geschichte widmete. Darin wurde eine Äußerung Maffays über seine Frau Petra folgendermaßen zitiert: »Sie ist nämlich völlig unpolitisch. So wie ich.«

Und der Stern benutzte dieses Zitat gleich, um dem schon damals sehr umstrittenen Musiker an die Karre zu fahren: »Wer Deutschlands beliebtester Sänger nicht nur ist, sondern bleiben will, erlaubt sich keine Urteile.« Von da an hatte er sein Image weg: »Maffay, der unpolitische Mensch.«

Danach hat ihm lange keiner eine Chance gegeben, seine Einstellung zur Politik genauer zu erläutern. Die ist nämlich ganz plausibel: »Ich habe meine Kindheit in einem Staat verbracht, wo man über Politik nicht so offen reden konnte, wie das hier in der Bundesrepublik der Fall ist.« (49)

Natürlich hat es ihn bedrückt, wie über ihn geurteilt wurde, aber er war eben dazu erzogen worden, seine Klappe zu halten. Wer wollte schon das Risiko eingehen, vielleicht durch die dummen Sprüche eines Kindes die ganze Familie zu gefährden. Wenn man sich in Rumänien nicht an das ungeschriebene Gesetz hielt, über Politik zu schweigen, konnte das schwere Folgen haben: »Man konnte sich dort nicht auslassen, es sei denn, man riskierte eine Verhaftung oder eine Ausgrenzung aus der Gesellschaft.«

Das waren eben ganz andere Voraussetzungen als hierzulande, wo die politische Bildung schon in der Schule beginnt.

»Hier gehen die Kinder in den Kindergarten und werden schon mit ökologischem Gedankengut et cetera konfrontiert. Sie sind in dieser Beziehung viel früher reif. Und wenn einer mit 18 anfängt, aus dem Rock 'n' Roll einen Job zu machen, dann werden all diese Impulse schon von Anfang an Ausdruck finden.« (49) Bei Peter Maffay hat die Entwicklung eines politischen Bewußtseins zehn Jahre länger gedauert, denn er konnte in Rumänien über Politik nur hinter vorgehaltener Hand mit den besten Freunden sprechen. »Und ich hatte dann, als wir 1963 auswanderten, aus diesem Zwang heraus eine regelrechte Aversion gegen politische Vorgänge. Ich wollte damals eigentlich nichts mehr von Politik hören. Deshalb sagte ich auch: Ich bin ein unpolitischer Mensch.« (49)

Heute bezeichnet er sich als politischen Spätzünder. Mit 14 habe er noch keinerlei Zugang zu politischen Ideen gehabt. Das Verständnis dafür konnte sich erst viel später formen. »Bei mir hat es 10 Jahre länger gedauert. Dafür wird es jetzt immer heftiger – ich habe großen Nachholbedarf.« (49)

Im Grunde bezog Maffay zum ersten Mal politisch Stellung, als er 1970 wegen drohenden Einzugs in die Bundeswehr nach Berlin umzog.

Im August 1981 spielte er bei einem Open-Air-Konzert in Bad Segeberg mit Joan Baez für die Organisationen »Amnesty International« und »Humanitas«.

1984 lernte Peter Oskar Lafontaine kennen, der damals als Bürgermeister einen Empfang im Saarbrücker Rathaus gab.

Gelegentlich gab es Leute, die sich durch Maffays politische Aktivitäten provoziert fühlten. Als er in Mutlangen bei Ulm gegen die Stationierung von Pershing-Raketen protestierte, reckte einer der anderen Demonstranten ein Schild mit »Lieber Pershing II als Peter Maffay« in die Höhe. »Ich halte es für einen absoluten Schwachsinn, wenn jemand sagt: Lieber Pershing II als Peter Maffay. Ich wüßte nicht, warum ich nicht denselben Anspruch auf Frieden haben sollte wie jemand anders. Und ich bin nicht hingegangen, um mich zu profilieren, sondern ich wollte mit meinem Beitrag (der ohnehin sehr klein war) nur manifestieren, welche Meinung ich vertrete.« (47)

Im Februar 1985 produzierte und veröffentlichte Peter Maffay die Single »Nacht im Wind« zugunsten der Hungerhilfe für Äthiopien.

Im August 1986 nimmt er am Konzert »Rock gegen Atom« teil. Willy Brandt und Lafontaine stehen mit ihm und anderen Musikern (u.a. Udo Lindenberg) auf der Bühne.

Er beteiligt sich an der Aktion »Künstler für Kinder«, macht Fernsehauftritte zugunsten krebskranker Kinder »... weil wir leben wollen« zusammen mit Klaus Lage, Angelo Branduardi und Konstantin Wekker und veranstaltet Konzerte zugunsten des »World Wildlife Fund«. Mit dabei: Udo Jürgens, die Opernsängerin Julia Migenes und Modern Talking.

Schließlich erkennt sogar der »Stern« sein politisches Engagement an. Im Zusammenhang mit Aktionen gegen die Verschärfung des § 218 reiht er Peter Maffay in die Riege politischer Prominenz mit ein, die gegen dieses Gesetz kämpft.

Und Maffay nimmt die Dinge gern selbst in die Hand: 1990 gründet er mit Freunden die gemeinnützige Organisation Horizon e.V. Peter Maffay tut also sein Bestes, um seinen politischen Nachholbedarf zu befriedigen. Selbst seine »Tabaluga«-Tournee, die mit 90 Aufführungen und 650.000 Zuschauern alle Rekorde bricht, ist ein politisches Statement: Oder gibt es eine politischere Aussage als die Botschaft der Liebe?

Macht es ihn da nicht sauer, wenn man ihm vorwirft, unpolitische Lieder zu singen?

»Die bräuchten nur in die Platten reinzuhören, dann würden sie merken, daß das nicht stimmt.« (49)

Natürlich enthält nicht jede Zeile eine tiefgründige Aussage, und oft sind seine Überzeugungen einfach gut versteckt. »Nehmen wir einen Satz aus einem meiner Texte: ›Ich will kein viertes Reich, ich will keine Erde dem Erdboden gleich‹. Sorry, aber deutlicher geht es nicht. Es gibt viele ähnliche Beispiele. Es ist für mich nur lächerlich, das irgendeinem Hornochsen zu verklickern.« (49)

Für Peter Maffay ist Rockmusik nicht nur Ausdruck seiner Unabhängigkeit. Sie hat auch etwas mit Rebellion zu tun. In Interviews verkündet er entsprechend schonungslos seine politischen Ansichten. Scharping sei kraftlos, heißt es da, die Grünen hätten nicht genug Einfluß, oder noch härter: »In Bonn regieren Christdemokraten, die sich verpflichtet haben, nach den biblischen Maßstäben zu regieren. Der Bundeskanzler und die Minister besitzen sicherlich eine Bibel, aber richten sie sich wirklich danach? Im politischen Alltag wird sie verleugnet.« (48, S. 41)

In seinen Songs finden sich reichlich Aussagen, in denen seine politischen Ansichten klar zum Ausdruck kommen:

»Liebe wird verboten, denn Liebe bringt Gefahr für den neuen Staat. Wenn wir nichts dagegen tun, könnte es schon morgen Wirklichkeit werden: Kinder kommen aus Retorten, perfekte Reproduktionen. Wir werden verplant und brauchen nur zu funktionieren. Auf Denken steht der Tod, und in Bücher darf kein

Mensch mehr sehen. Gefühle stören nur, und Pillen gibt es gegen Überdruß.« (48, S. 20)

Auch auf seinem aktuellen Album »Sechsundneunzig« findet Peter Maffay Gelegenheit, sich für die Belange der Armen und Rechtlosen einzusetzen. In »Siehst du die Sonne« prangert er den rücksichtslosen Umgang mit den Menschen, die das schwächste Glied in unserer Gesellschaft bilden, an:

»Ich sehe brennende Straßen

Rauch, der im Himmel hängt

Ratten in schmutzigen Gassen

Und Menschen, die die Armut lenkt…«

(Text: Neigel, Musik: Polnareff)

Solche Texte verfehlen nicht ihre Wirkung, wie eine Äußerung von Maffays Fan Manfred zeigt. Für ihn beschreibt Peter Maffay den Zustand in unserer Welt. »Irgendwann gibt es mal den großen Bumm zwischen den Supermächten. Er warnt davor in seinen Liedern und bringt uns zum Nachdenken. Ich weiß ganz genau: Morgen früh geh' ich mit neuem Mut an die Arbeit.« (48, S. 24)

10

»LIEBER GOTT,
WENN ES DICH GIBT«

»Wieso soll man Gott für alles verantwortlich
machen! Die Menschen bauen doch Scheiße,
obwohl sie sich für intelligente Wesen halten.« (12)

Er ist Musiker, er ist Songschreiber, von seinen
Fans wird er heiß geliebt, von seinen Kritikern
lächerlich gemacht. Und weil Peter Maffay klar
ist, welchen Einfluß er mit seinen Songs auf seine Fans
ausüben kann, singt er über Gott. Er hat einen tief ver-
wurzelten Glauben. Obwohl er schon früh aus der
Kirche ausgetreten ist, ist er wahrscheinlich dennoch
Deutschlands lautester Prediger. Aber wenn er von der
Kirche nichts hält, woran glaubt er dann eigentlich?
»Meine Religion ist selbstgebastelt, kein angelesenes
Zeug.« (47, S. 24) Er fühlt sich selbst allerdings nicht
als Prediger, deshalb will er nicht sagen: Freunde, es
gibt Gott!, aber er möchte zumindest dazu anregen,
sich mit dem Glauben auseinanderzusetzen. Deshalb
formuliert er zum Beispiel in seinem Hit »Lieber
Gott« ganz bescheiden: »Lieber Gott, wenn es dich
gibt, zeig uns deinen Weg. Wenn das Schweigen mich
umgibt, wird ein Lied zum Gebet, und ich warte so
auf eine Antwort. Ich such' das Licht, das die Flamme
entfacht. Wer führt mich durch die dunkle Nacht.«

Peter Maffay ist kein Gläubiger, der blind auf Gottes Wort vertraut, die Bibel liest und bedingungslos den Zehn Geboten folgt. Für Maffay ist der Glaube an Gott eine Möglichkeit, ein selbstgewähltes Korrektiv, mit dem er sich auseinandersetzen kann. »Es gibt Situationen, wo man einfach nicht mit jemand quatschen will, Augenblicke der Hilflosigkeit. Dann kommt es zu solchen Zwiegesprächen. Bei mir funktioniert das.« (12)

Denn für ihn hat Gott »die Vollkommenheit, die mir fehlt. Daher hat er das Recht, mir zu sagen, was falsch ist.« Solche Dialoge sind einfach »viel kompetenter als die Gespräche, die du mit irgend jemand führen kannst.« (47, S. 24)

Peter Maffays Glauben bestimmt nicht nur seinen Alltag, sondern auch sein musikalisches Schaffen.

Wie er zu seinem Glauben kam, ist einfach erzählt: Irgendwann einmal hat Peter darüber nachgedacht und dabei festgestellt, daß es »außer mir eine Kraftquelle geben muß, die Energien erzeugt und freisetzt. Diese Lebensenergie ist für mich Gott, an den ich glaube. Wenn ich das Gefühl habe, daß niemand mehr da ist, der mich versteht, dann gibt es immer noch eine Tür, die offen ist.« (48, S. 39)

Der Glaube an Jesus spielt in Maffays Religion eine untergeordnete Rolle. »Er hat gelebt. Ich betrachte ihn mehr als eine historische Gestalt und weniger als eine Person, die für mich gekreuzigt worden sein soll.« (48, S. 44) Aber er registriert durchaus, welche Wichtigkeit Jesus für viele hat: »Ich bin nicht blind, um zu sehen, wie viele Menschen Kraft zum Leben und Überleben aus dem Glauben an Christus beziehen.«

Peter Maffay hält zwar nichts von den Dogmen der Kirche, aber er betet zu Gott: »Ich wende mich deshalb an ihn, weil alle anderen nicht faßbar sind. Er ist für mich die Instanz, die noch geht, wenn andere nicht mehr gehen. Wenn irgendwo eine gewisse Sprachlosigkeit da ist oder keine Aussicht besteht, eine Antwort zu bekommen.« (19)

Er betet nach eigenen Angaben mindestens einmal am Tag, allerdings auf »sicherlich eigenartige Weise.« (47, S. 24)

Er erfährt dadurch das Gefühl, beschützt zu werden. »Nicht von jemandem, der gütig den Mantel über mir ausbreitet, ich verschaffe mir selber einen gewissen Schutz. Das ist eher autosuggestiv.« (19)

Und einen solchen Schutz braucht er vor allem in Situationen wie beim Fliegen, also Situationen, in denen er sich ausgeliefert fühlt.

Seine christlichen Überzeugungen haben in gewisser Weise auch was mit dem Glauben zu tun, den seine Eltern ihm vorgelebt haben. »Mein Vater ist Atheist«, sagt er, »meine Mutter, denke ich, eher aus Tradition konfessionell gebunden.« (47, S. 24) Er selbst ist aus der Kirche ausgetreten, weil er dem »Humbug nicht folgen kann, »die Lügenpraktiken nicht mehr ertragen [kann]. In einer Fernsehsendung habe ich einen Pfarrer gesehen, der die Bomberpiloten segnete, die später die Atombombe über Hiroshima abgeworfen haben.

Wer auf diese Weise Gott mißbraucht, ist keinen Penny wert.« (48, S. 42)

Maffay hat sich mit fernöstlichen Weisheiten auseinandergesetzt und sich dabei besonders mit dem Buddhismus beschäftigt, weil er dort eine größere Klugheit und Toleranz als im christlichen Glauben vermutete.

Als Kind mußte Peter regelmäßig in die Kirche – »auf der Empore hab' ich den Blasebalg getreten, um die Orgel anzutreiben.« (12)

Maffays heutige Kirche ist die Natur. »Dort wird pausenlos eine Predigt gehalten.« Das hat er auf seinen weiten Reisen erfahren. Egal, ob er die Antarktis, die Sahara oder die kanadischen Wälder bereist, immer bringt ihn das Spektakel der Pflanzen- und Tierwelt zum Staunen. »Wenn man das alles beobachtet und in sich aufnimmt, kann man Gott sehr nahe sein. Hier findet laufend Gottesdienst statt.« (48, S. 38)

Auch über den Tod hat er sich schon Gedanken gemacht. »Ich will nicht überall liegen [...] Eigentlich will ich überhaupt nicht liegen. Ich finde, man liegt sowieso zuviel im Leben. Ich könnte mir es sehr reizvoll vorstellen, einfach verblasen zu werden. Asche... Irgendwo...« (19) Eine Beerdigung mit mehr oder weniger ehrlich weinenden Menschen will er nicht. Aber eine Party vielleicht. »Warum nicht? Ich finde diese Bestattungen in New Orleans ganz witzig. Da hauen die ja auf die Pauke. Nicht weil der von allen Verehrte endlich abgekratzt ist, sondern weil sie sagen: Der hat es hinter sich gebracht.« (19)

An Wiedergeburt glaubt er allerdings nicht – jedenfalls nicht an eine körperliche: »Das, was ich hier erleben darf, ist ein einmaliges Gastspiel. Ich halte es für eine Erfindung, wiederkommen zu wollen. Das kommt von der Angst, vergänglich zu sein.« (25)

Nach dem Tod glaubt er, nicht mehr als Wurmfutter zu sein. Ein Leben, »mehr steht mir nicht zu.« Etliche Jahre auf diesem Planeten habe er sich »durchgefressen und sonst irgendwie die Umwelt belastet. Das war's für mich. Es mag ja sein, daß das alles ganz anders ist und ich als Kaninchen irgendwann wieder auftauche. Aber erstens habe ich keine Lust, als Kaninchen die wiederzusehen... (lacht)... als ein singendes Kaninchen...« (19)

Womit er jedoch durchaus etwas anfangen kann, ist die Vorstellung von Energien, die man in diesem Leben erzeugt hat und die auch nach dem eigenen Tod irgendwie weiter existieren.

11

MUSICAL UND MÄRCHEN: DIE »TABALUGA-SAGA«

»Tabaluga ist eine Nebenstraße mit schöner
Aussicht. Es ist wie ein Abenteuer, ein Vorstoß in
ein weißes Gebiet unserer Landkarte.« (39)

Für die einen war Tabaluga nur ein weiterer Beweis, daß Peter Maffay zu nicht mehr als zum billigen Schnulzenproduzenten taugt. Für die Besucher seiner Musical-Aufführung und die Fans der entsprechenden CD war Tabaluga eine wahre Bereicherung. Und jeder diskutierte die Bedeutung und die möglichen Hintergründe des Stücks, das wie ein Märchen anmutet, sich am Ende jedoch als eine philosophische Weltbetrachtung entpuppt.

Die Story: Tabaluga umfaßt eine Serie von Abenteuern im Leben eines kleinen Drachen. Es geht um die Erfahrungen, die er im Laufe seiner Entwicklung macht. Im ersten Teil, »Tabaluga oder die Reise zur Vernunft«, wird das neugierige und übermütige Drachenkind von seinem Vater Tyrion auf die Reise geschickt, um endlich vernünftig und erwachsen zu werden. In abenteuerlichen, lustigen und traumhaften Begegnungen lernt der kleine Drache die unterschiedlichsten Gesichter der Vernunft kennen. Dabei trifft er auf so manchen, der meint, nur er wüßte so ganz genau, was vernünftig ist. Tabalugas Reise endet bei der 200jährigen Schildkröte Nessaja, von der er eine ganz andere Antwort erhält als in allen bisherigen Begegnungen: »Erwachsensein, was heißt das schon? Vernünftig? Wer ist das schon! Ich bin ich und du bist du, das ist alles, was ich weiß. Du bist jung und ich bin alt, aber was kann das schon bedeuten?« Nessajas Antwort beinhaltet zugleich eine Frage, die sich nur jeder selber beantworten kann. Tabaluga begreift, daß jeder tief in seinem Inneren immer ein Kind bleibt und daß es überaus wichtig ist, dieses innere Kind zu bewahren, damit man nie die Fähigkeit zum Träumen verliert.

Der zweite Teil, »Tabaluga und das leuchtende Schweigen«, erzählt ein weiteres Abenteuer des Drachenkindes. Auf der Suche nach der Liebe begegnet der immer noch unerfahrene, aber vorwitzige Tabaluga den Menschen aus Stahl und dem Halbkind, der ungeliebten Tochter von Sonne und Mond. Die Menschen aus Stahl sind Roboter, die alles kennen und wissen, nur Liebe und Zärtlichkeit sind ihnen völlig fremd. Sie können Tabalugas Neugierde nicht befriedigen. Erst der Tod, der dem kleinen Drachen als ein sonderbarer, fröhlicher Geselle begegnet, bringt Tabaluga seinem Ziel wesentlich näher – allerdings gilt es vorher für ihn noch, einen schweren Schicksalsschlag zu überwinden. Sein Vater, Tyrion, wird vom Haß mit einem Blitz getötet. Schon im Sterben schreit Tyrion die gesuchten Worte ins Universum: »Tabaluga, ich liebe Dich.« Jetzt erkennt der kleine Drache, daß das leuchtende Schweigen nur die Liebe sein kann, die sogar den Haß dazu bringen kann, seine Gestalt zu ändern.

Im dritten und bisher letzten Teil der Serie, »Tabaluga und Lilli«, muß der kleine Drachen gegen den Herren des ewigen Eises, Arktos, kämpfen. Dieser hat die wunderschöne Lilli geschaffen, um den Drachen in seinen Bann zu ziehen, ihn mit ihrer vermeintlichen Liebe zu verführen und dann einzufrieren. Tabaluga aber, der die wahre Liebe kennt, gelingt es, das Eis um Lillis Herz zu schmelzen. So besiegt der kleine Drache Arktos und damit das Leben in der Kälte der Verzweiflung und Einsamkeit. Das Feuer der Liebe besiegt also das Eis des Bösen.

Tabaluga spiegelt ein Stück Realität in unserer Gesellschaft, aber auch manches, das mit der Person Peter Maffays zu tun hat. Feuer und Eis, das ist im Grunde das Thema seiner Kindheit, nämlich die Spannung zwischen seiner trostlosen Heimat Rumänien und der Hoffnung Deutschland. Feuer und Eis, das ist außerdem ein Gegensatz, ein Widerspruch, und Widersprüche in seinem Charakter sind etwas, wofür Maffay bekannt ist.

»Tabaluga« ist nicht das erste Werk, das Peter für ein ganzes Orchester geschrieben hat. Bereits 1971 schrieb er »Die blaue Blume«, ein Pop-Oratorium für Solostimme, Chor und Orchester. Er interessiert sich also schon seit langem für Projekte dieser Art. »Tabaluga« kam jedoch eigentlich mehr zufällig zustande. Vor 15 Jahren, als er von seiner Plattenfirma wechselte, hatte Metronome, die bisherige Firma, noch Anspruch auf ein Album. Die neue, Teldec, wartete aber ebenfalls bereits auf eine Platte. Und zwei Rock-Alben innerhalb eines Jahres sind ein schwieriges Unterfangen. »In meinem Vertrag gab's eine Klausel«, erinnert Maffay sich, »die mir freistellte, was für eine Platte ich mache. Ich sagte: Freunde, wenn ihr es darauf anlegt, dann machen wir Stille Nacht mit zwanzig Gitarren... Erst Chris, meine damalige Frau, die als Lehrerin viel mit Kindern zu tun hatte, brachte mich drauf, ein Märchen zu vertonen.« (19)

Ursprünglich hatte er als Hauptfigur einen Frosch im Kopf gehabt. Er entschied sich jedoch dann für einen Drachen, weil sich mit diesem Fabelwesen viel fernöstliche Mystik verbindet, und Peter Maffay interessierte sich in dieser Zeit gerade sehr für den Buddhismus. »Wir packten eine Handlung in Songs, dazwischen wurde erzählt...« Und entgegen seinen Erwartungen hatte diese Arbeit für ihn eine »wahnsinnig befreiende Wirkung. Wir lösten uns völlig von marktstrategischen Überlegungen. Es war ein Experiment, das funktionierte.« (19) An eine Fortsetzung des Musical-Märchens hatte damals noch keiner gedacht. Es ging Maffay zunächst lediglich darum, seinen Vertrag zu erfüllen.

Die Idee, »Tabaluga« auf die Bühne zu bringen, kam ihm erst, als er Jahre später Andrew Lloyd-Webbers Musical »Starlight Express« in Bochum bestaunte. »Mir gefiel es, wie aus einer simplen Story eine unterhaltsame Show gemacht wird. Es lebt von Bewegung, Technik, dem Zusammenspiel von Musik und Show. Und ganz wichtig ist, daß man als Zuschauer mitten drin sitzt. Also keine Genickstarre beim Zuschauen!« (19)

Gleich nachdem erste Zeichnungen zu »Tabaluga« entstanden waren, haben sich Schöpfer und Betrachter Gedanken darüber gemacht, wie es wohl wäre, den Drachen dreidimensional erscheinen zu lassen. »Die größte Schwierigkeit war es wohl, über den eigenen Schatten zu springen und für sich selbst zu beschließen, daß man solche Gedanken dann auch realisiert.« (20)

Gesagt, getan. Peter Maffay nahm das große Wagnis auf sich, eine Bühnenfassung von »Tabaluga« zu erstellen. Das größte Problem war dabei für ihn die unverzichtbare aufwendige Technik: »Sie darf nie dominanter sein als die Inhalte.« »Wenn wir bei der ganzen Technik, die wir im Augenblick benutzen, die menschlichen Aspekte außer acht lassen, sprich die Inhalte nicht weit genug hervorheben, dann ist die Gefahr vielleicht gegeben, daß das Stück die gewünschte Wirkung verfehlt.« (23) Doch Peters Bedenken waren letztlich unbegründet: ihm ist es gelungen, ohne viel technisches Brimborium auf der Bühne eine beeindruckend lebendige Bilderwelt zu schaffen.

Als das Musical dann Premiere hatte, haben viele gesagt: »Jetzt hat der endlich ein Rad ab. Fortwährend standen wir da und mußten erklären, was wir wollen. Doch dann kamen die Kinder, und die hatten diese Schwierigkeiten nicht. Die haben einfach gesagt, daß ihnen das gefällt.« (42)

Trotz des unglaublichen Erfolgs weigert Peter Maffay sich, »Tabaluga« zu seiner Lebensaufgabe zu machen. »Ich habe keine Lust, der Märchenonkel bis ich weiß nicht wann zu sein. Ich werde in gewissen Abständen gerne bereit sein, ein solches Album zu machen. Aber ich habe keinen Bock, schon im nächsten Frühjahr weiter an diesem Thema zu bleiben.« (19)

»Tabaluga« ist für ihn wie ein Ausflug in eine andere Welt, weit weg von dem, was er sonst macht. Es ist ein Experiment, ein Ausbruch. Doch Peter betont immer wieder: »Wir werden nicht die Rolle der Märchenonkel übernehmen. Der Schwerpunkt liegt nach wie vor beim Rock 'n' Roll.« (20)

Maffay wollte mit »Tabaluga« ein Zeichen setzen, wollte die inneren Werte betonen, die im Zusammenleben so oft ignoriert werden. In einer »Ellenbogengesellschaft gilt ja oft nur Beißen, Kratzen, Spucken, Treten. Deshalb gibt es in unserem Köpfchen auch die Sehnsucht nach etwas anderem.« (39)

So ist »Tabaluga« »nicht aus Zufall grün!«, erklärt er weiter. »Offensichtlich wird dieser Gedanke angenommen. Der Baum des Lebens ist ein Symbol für Leben schlechthin, wenn er sagt: Unter meinen Blättern könnt ihr euch ausruhen, solange die noch da sind, gibt es Schatten. Also behandelt mich gefälligst gut. Das sind so kleine Messages, die auch bei Kindern funktionieren.« (19)

Im Musical geht es also nicht um irgendein kleines privates Glück, sondern es appelliert an die Gesellschaft, ihr Verhalten zu ändern, die allgemeine Sprachlosigkeit zu überwinden, statt immer brutaler und unmenschlicher zu werden. Maffay erklärt: »›Tabaluga‹ ist ein Beleg dafür, daß so eine Handlung gelingen kann. Diese Willensäußerungen, als lediglich kleiner Beitrag in dieser Kommunikation, sind mir wichtiger als Baseball-Schläger zur Willensdurchsetzung.« (20) »Der kleine Drache ›Tabaluga‹ hat nichts mit Gewalt zu tun. Es geht nicht um Haß, sondern um Liebe. Das trifft in einer Zeit, in der es überall Gewalt gibt, den Nerv der Leute eher. Sie haben genug von Gewalt.« (25)

Er hat diese Botschaft bewußt in ein Märchen verpackt, weil er besonders die Kinder ansprechen wollte, denn die können noch einfach annehmen, anstatt alles haarklein zu analysieren und auseinanderzupflücken. Natürlich ist diese Form der Präsentation für Peter auch ein Ausdruck des Bedauerns, daß er selbst nicht mehr Kind sein kann. »Es ist der Versuch, einen erlebten Zeitraum zurückzuholen. Das hat mit Erinnerung an die damals erlebten Gefühle zu tun. Unsere Lieder sind für Kinder gedacht und für Menschen, die es geschafft haben, beim Erwachsenwerden ein wenig Kind zu bleiben.« (10)

Was hat sich ein Erwachsener, der auch noch ein bißchen Kind ist, bewahrt? »Ehrlichkeit. Kinder sind ehrlich und unverbogen. Sie haben noch nicht gelernt zu lügen, zu betrügen und zu hassen.« (10)

Peter Maffay hat das Konzept zur Realisierung seiner Musical-Idee mit dem Zeichner Helme Heine, dem Texter Gregor Rottschalk und dem Regisseur Andras Fricsay Kali Son ausgearbeitet. Als Solisten konnte er unter anderem Größen wie Stephan Remmler, Rufus Beck und Nino de Angelo verpflichten, die zusammen mit 24 in New York ausgewählten Tänzern auf sechs verschiedenen Bühnen musizierten und tanzten. Elf Millionen Mark wurden investiert, bevor schließlich die ersten Zuschauer verzaubert werden konnten.

Maffay selbst stand trotz schauspielerischer Vorerfahrung nicht als Darsteller im Scheinwerferlicht: Wenn er nicht sang, spielte er in der Begleitband mit. Peter schwärmt noch heute von diesen Auftritten: »Vor uns wurde getanzt, und über die Rampe hinweg sahen wir das Publikum. Es war sehr interessant, denn man sah gewissermaßen einen Film ablaufen, in dem man selbst mitspielte. Und das ist toll!« (22)

Nach wie vor ist eine Zeichentrick-Serie für das ZDF im Gespräch: 26 Folgen à 25 Minuten und ein Ausflug an den New Yorker Broadway. Aber wie immer bleibt Peter Maffay, auch was diese Pläne angeht, fest auf dem Boden der Realität. »Es müßte easy laufen«, sagt er dazu, »ich habe keine Lust, viel Zeit und Arbeit zu investieren.« (19)

Um das Musical überhaupt auf die Beine stellen zu können, hat Maffay sich auf Sponsoring eingelassen und ist dafür wieder einmal angegriffen worden. Seine Antwort darauf: »Wenn uns jemand nachweisen kann, daß wir das nur aus Geldgier machen – dann hören wir sofort auf. Aber das kann uns niemand nachweisen, weil es nicht stimmt.« (42)

Außerdem ist Peter Maffay bei weitem nicht der

einzige, der auf Sponsoren zurückgreifen muß. In einer Zeit, in der die Ausgaben immer größer werden, lassen sich sogar bekannte – und wie man annehmen darf, finanzstarke – Gruppen wie die »Stones«, »Pink Floyd«, »Genesis« und »Bon Jovi« finanzieren. Ohne Sponsoring hätte Maffay die Show jedenfalls niemals in dieser Form auf die Bühne bringen können. Selbstbewußt sagt er: »Ich glaube, daß dieses Rühr-mich-nicht-an-Verhalten inzwischen ein bißchen überholt ist. Wenn über das Sponsoring die Eintrittspreise gedrückt werden können oder ein Teil des Gewinns einem karitativen Zweck zugeführt werden kann, ist das geradezu hervorragend. Quasi ein Robin-Hood-mäßiges Umverteilen der Mittel.« (10)

Was seine Kritiker übersehen haben ist, daß Maffay mit »Tabaluga« auch etwas an sein Publikum zurückgibt, indem er seine Botschaft der Liebe vermittelt. Und nicht zuletzt konnte Peter Maffay dank der Erlöse aus den Veranstaltungen und Fördermitteln der Bertelsmann Buch AG und der Ariola Musik in Berg am Laim bei München die Kindertagesstätte »Tabaluga« finanzieren. Außerdem wurden die Einnahmen aus einigen Einzelvorstellungen für andere Kinderprojekte gespendet.

12

RED ROOSTER:
PETER MAFFAYS GESCHÄFTE

>Vor Jahren, als das erste Studio in Tutzing ent-
stand, habe ich mir eingebildet, daß ich es bauen
mußte, um autark zu sein. Ich wollte arbeiten
können, ohne daß ständig die Uhr tickt.« (46)

Das war 1983. Inzwischen hat sich sein erstes
Studio zu einem kleinen Imperium vergrößert.
Hangaufwärts, nur einen Steinwurf von der
Hauptstraße entfernt, liegt an einer hügeligen Dorf-
straße ein kleiner Gebäudekomplex: einstöckig, in
Grau- und Rottönen, viel Glas, viel Licht und von einem großen Garten umgeben. Alles fügt sich so harmonisch in die dörfliche Gemeinschaft von freistehen-
den Einfamilienhäusern vor der traumhaften Kulisse
des Starnbergers Sees ein, daß man kaum glauben
möchte, daß hier eine überaus erfolgreiche Firma sitzt.

Zu dem Gebäudekomplex gehören: Maffays Privat-
haus, drei Studios, Büroräume für das Label, eine kleine dazugehörige Werbeagentur und Wohnungen sowie Aufenthaltsräume für die Musiker und Bands, die
aus aller Welt angereist kommen, um hier ihre Platten
zu produzieren.

Das Foyer ziert eine endlose Reihe von Goldenen
Schallplatten. Sie dienen nicht nur der Dekoration,
sondern sind auch ein immerwährender Ansporn für

Maffay und seine Musiker: »Ich muß mich wirklich nicht ständig daran berauschen, aber wenn die anderen und ich morgens vor und abends nach der Arbeit hier durchgehen, spornt uns das an, die Latte für die nächsten Projekte gewiß nicht tiefer zu hängen.« (13)

Die erste Platte, die er in seinem eigenen Studio aufgenommen hat, war »Tabaluga oder die Reise zur Vernunft«. Das wohl aufwendigste Werk, das hier bisher entstanden sein dürfte, ist die Videoproduktion zu »Sonne in der Nacht«. Sämtliche Songs seines gleichnamigen Albums hat er in Kleinfilme umgesetzt – 50 Minuten Optik für ein Album. So etwas war bei einer Veröffentlichung etwas völlig Neues, und so überrascht es nicht, daß »Sonne in der Nacht« bis 1988 das meistverkaufte Musikvideo in Deutschland war.

1992 gründete Peter Maffay das Label »Red Rooster Records«, um auch als Produzent eigenständig und frei mit anderen Musikern arbeiten zu können, sie unterstützen und fördern zu können. So laufen inzwischen nur noch der Vertrieb von Peters Platten (dafür hat er sich BMG Ariola München ins Boot geholt) und die Promotion extern. Letztere macht Michael von Almsick in München.

Inzwischen haben viele bekannte Bands bei Red Rooster ihre Platten aufgenommen, unter anderem »Deep Purple«, »BAP« und Jule Neigel.

»Am Anfang hat mir jeder davon abgeraten«, erinnert sich Peter Maffay. Es ist eben nicht üblich, daß Musiker sich eine Firma in dieser Größenordnung aufbauen, weil sie normalerweise ihre Prioritäten anders setzen – schon allein wegen der Finanzen.

»Peter hat hier alles reingesteckt, was er früher verdient hat«, erzählt Fritz Rau (40). Maffay war es eben nie wichtig, in Saus und Braus zu leben: »Ich selber brauch' für mein Leben nicht viel. Ich habe nicht viele Klamotten, gehe nicht jeden Tag essen etc.« Nach eigenen Angaben besitzt er mehr, als er sich je erträumt hatte, so konnte er sich unbekümmert in dieses Projekt, das eigentlich nur unrentabel sein kann, hineinstürzen. »Ich weiß genau, daß die beiden Studios wirtschaftlich Unsinn sind, aber dort unten tickt keine Uhr.« Für ihn sind eben Freiheit und Unabhängigkeit wichtiger als dicke finanzielle Polster. »Wir können Projekte so durchaus mit zeitlichen Unterbrechungen verwirklichen, spielen nur in kreativen Phasen, nehmen den Faden erst wieder auf, wenn wir uns regeneriert haben. Das ist von einer immensen Bedeutung.« (47, S. 51)

Finanzielle Interessen spielten also nicht die geringste Rolle, als Peter sich entschloß, die Studios zu bauen. »Ich muß nicht von den Einnahmen der Studios leben.« (47, S. 51)

Und das wird auch wohl kaum jemals möglich sein, denn ein »Studio ist ein Faß ohne Boden«. (14) Immer wieder muß es nachgerüstet werden, um es auf dem Stand modernster Technik zuhalten.

Für das Label hat Maffay sich sogar einen Label-Manager ins Boot geholt, damit er sich darum nicht auch noch kümmern muß. Er will den Freiraum, um sich mit Dieter Viering »gezielt einzelnen Acts widmen [zu können], und zwar mit erheblich mehr Zeit und Individualität. Das könnte uns von großen Companys unterscheiden, und damit wollen wir dienen.« (46)

Peter Maffay ist also längst nicht mehr nur Musiker, was er gelegentlich auch mal als Nachteil empfindet. »Heute bin ich Musiker und Geschäftsmann. Aber manchmal nimmt das Organisieren einen Stellenwert ein, den ich gar nicht zulassen will.« (15)

13

LEBEN HEUTE: DIE FREIHEIT, DIE ER MEINT

Peter Maffay ist ein Superstar. Wenn er Konzerte gibt, kommen Tausende zusammen, um mit ihm zu feiern. Wenn er die Straße hinuntergeht, erkennt ihn praktisch jeder. Aber letztendlich ist er ein ganz normaler Mensch – und der möchte er auch sein.

»Die Leute haben sich hier im Ort [Tutzing] schon an uns gewöhnt, da sind wir Gleiche unter Gleichen.« Er steht eben nicht auf den ganz großen Starrummel: »Es muß ein Fluch sein, so bekannt zu sein. Man braucht in seinem Leben wenigstens einen kleinen Zeitraum, in dem man ungeschminkt ganz normale Erfahrungen macht.« Deshalb käme er auch nie auf die Idee, auf die Stones oder auf Michael Jackson neidisch zu sein. »Ich möchte nicht tauschen.« (14)

So sieht er sich als Musiker auch nicht auf einem Podest, »weil ich ein Star bin, sondern weil man mich da oben auf der Bühne besser sehen kann.« (14) Und diese Bescheidenheit, diese Natürlichkeit ist es, die den Peter Maffay – abgesehen von seiner Musik – so beliebt machen. Er lebt ein ganz normales Leben, er zieht sich nicht auf eine einsame Insel zurück, er entwickelt keine eigenartigen Macken, hat keinerlei Starallüren. Selbst seine Vergangenheit ist so normal wie die vieler anderer Menschen: Früher lebte er einfach in den Tag hinein. »Ich ließ mich nur zum Spaß vollaufen.« Aber der Alkohol veränderte zunehmend sein Wesen, seine Stimmungen schwankten, sein Umfeld litt, seine ersten beiden Ehen scheiterten daran.

»Ich machte mir keine Gedanken über 40 Zigaretten oder zwei Flaschen Whisky am Tag. Diese Unbekümmertheit ist der Einsicht gewichen, daß es so nicht weitergeht. Um vorzeitig abzutreten, bin ich viel zu neugierig. Wie man sieht. Auf meinem Schädel wächst kein graues Haar.« (19)

Seit der Fehldiagnose seines Arztes hat Peter Maffay sein Leben vollkommen umgestellt. Die Zigaretten und der Alkohol sind dem Gemüse gewichen. Er ißt sehr wenig Fleisch. »Das hat aber nichts mit Schweinepest oder Rinderwahnsinn zu tun.« (5) Das »Antörnen« überläßt er heute lieber allein seinem Kopf und seinem um vieles gesünderen Körper. »Ich merke, daß ich wieder fit bin, und frage mich, warum ich jahrelang meinem Körper soviel zugemutet habe.« (25)

Maffay hat eingesehen, daß ihm der Alkohol keine Kraft geben kann, die er nicht auch ohne ihn hätte. »Ich arbeite heute mindestens genausoviel wie früher, ohne mich dabei so anzustrengen. Früher dachte ich, so ein asketisches Leben ist zu kalt, zu nüchtern. Das ist es überhaupt nicht.« (25)

Heute hängt außen an seiner Garderobe ein Schild: »No smoking«, auf dem Tisch steht ein Korb mit Obst, manchmal auch ein Glas Wein, aber selten. »Keine harten Sachen mehr. Das war irgendwann richtig zur Gewohnheit geworden. Man glaubt immer, daß so was zum Rock ’n’ Roll dazugehört. Aber das ist Blödsinn. Viele Musiker führen ein äußerst diszipliniertes Leben.« (43)

Exotischen Getränken zieht Peter Maffay heute exotische Orte vor. Die hat er immer schon geliebt und bereist, und so überrascht es nicht, daß er sich mit einem Haus in Deutschland nicht zufrieden gibt. Neben seinem Haus in Tutzing hat er eine Villa in Mallorca und eine Ranch in Kanada. Am wohlsten fühlt er sich, wenn er von der Natur umgeben ist: »Ich kann dem Stadtleben eigentlich nichts abgewinnen. Ich finde es aufregend, und dann regt es mich auf«, erzählt er dem »Playboy«. Und er fügt hinzu: »Ich wüßte nicht, was einem mehr Kraft geben kann als Stille. Ich bin in solchen Augenblicken nicht einsam. Ich kann unheimlich gut tanken, indem ich still irgendwo sitze.« (19)

Aber ständiges Stillsitzen ist auch nichts für ihn. Auf Mallorca, wo er eine alte Mühle hat, arbeitet er mit Begeisterung stundenlang im Garten. »Oder ich räume die Werkstatt auf. Die ist klein. Wenn es nicht reicht, räume ich zweimal. Manchmal sitze ich in meiner Lieblingsbar, dann guck’ ich. Das ist sehr lustig, die kleinen Schauspiele, die da ablaufen. Da kann ich mich zu Hause fühlen.« (12)

Kanada schätzt Maffay aus anderen Gründen: »Um

abzuschalten, muß ich aufs Land. Und in Kanada gibt es sehr viel Platz. In Deutschland leben im Schnitt 286 Menschen auf einem Quadratkilometer, dort 21.« (5) Es gefällt ihm auch, daß dort nur ganz wenige Menschen wissen, welchen Job er hat. Er liebt eben seine Privatsphäre. Außerdem sind die Menschen in British Columbia sehr angenehm: Die »Leute fragen nicht nach deiner Nationalität.« (43)

Trotzdem, selbst in Kanada macht er nicht wirklich Urlaub. »Ich stehe morgens um 4 Uhr auf, telefoniere mit meinem Büro in Tutzing. Tagsüber arbeite ich auf der Farm. Natürlich gehe ich oft in meinen kleinen Musikraum.« (15) Nach Möglichkeit bringt er jedes Jahr drei bis vier Monate außerhalb Deutschlands zu.

Manchmal schafft Peter es im Urlaub dann doch, sich einfach nur auf die faule Haut zu legen, »dann pfeif ich mir gern Klassik rein. [...] Selbst als Trivial-Rock 'n' Roller habe ich eben manchmal Bock auf hochwertige Musik von Rachmaninoff oder auf ein Buch.« Meistens hört er Klassik zum Frühstück.

Wenn er allerdings von Ort zu Ort fährt und gut drauf sein will, »dann schiebe ich mir halt ZZ Top rein.« Seine eigene Musik hört er so gut wie nie freiwillig zwischendurch, denn er hat mal ausgerechnet, wie oft er einen Titel hört, bevor die Aufnahme im Kasten ist: »1.200 Mal. Vom Proben bis zum Grundplayback, mit den Dubs, dem Singen und dem Mischen kommst du auf 1.000 – 1.200 mal. Und wenn du auf der Platte zwölf Titel hast, hörst du deinen Schrott gut 20.000 mal.« (49)

Der immer wieder als »Schnulzensänger« Ge-
schmähte kann sogar mit zeitgenössischer Musik einiges anfangen: »Ich höre nicht so gern Techno, Rap interessiert mich mehr. Mir gefällt die einfache Art, mit
der Sprache umzugehen. Das gab es ja früher schon
im Rock 'n' Roll.« (14)

Über seinen Erfolg mag Maffay nicht so oft nachdenken. »Sonst kann man nicht mehr träumen, spin-
nen, ausprobieren – die Kreativität geht verloren.« (25)
Aber er hat auch kaum Grund dazu, unnötig viel darüber zu grübeln, denn seine Rechnungen sind bisher
so gut wie aufgegangen. Außerdem weiß er, daß der
Mißerfolg ohnehin seine eigenen Gesetze hat. »[Er]
lauert da, wo du ihn nicht vermutest. Immer, wenn ich
auf einem Festival vor 10000 Leuten spiele, habe ich
die Stones-Tour vor Augen, bei der wir als Vorgruppe
jämmerlich eingebrochen sind. Es war brutal, aber
letztlich das Beste, was mir passieren konnte. Ein Ausrufezeichen für die restlichen Jahre. Ich werde immer
aus einem Augenwinkel schielen, ob da nicht doch
eine Cola-Büchse geflogen kommt.« (19) Aber es gibt
noch einen weiteren Grund, warum er über seine we-
nigen Mißerfolge nicht oft nachdenkt. Er weiß nämlich, daß er im Grunde ein Gewinnertyp ist: »Es ist
bestimmt so, daß Leute in mich die Story vom Teller-
wäscher hineinprojizieren. Trotzdem bleibt es ein an-
geborener Charakterzug. Wäre ich vor 300 Jahren auf
die Welt gekommen, wäre der Hang zum Gewinner
wohl auch durchgebrochen.« (47, S. 27)

Dennoch ist Peter keine Spielernatur. Geld gewinnen, das reizt ihn nicht. Er will sich seinen Erfolg lieber erarbeiten: »Ich spiele nie um Geld. Ich will mir mein Geld verdienen, nicht erspielen. Und wenn, dann mit meiner Gitarre.« (25)

Peter Maffay sieht der Zukunft locker entgegen. Er nimmt die Dinge, wie sie kommen. »Wenn ich mit Musik aufhöre, werde ich Landwirt. […] Um aufzuhören, müßte ich Lust auf etwas anders haben – etwas, was mich mehr befriedigt als das, was ich im Augenblick tue.« (19)

Eigene Kinder sind für ihn nicht ernsthaft ein Thema: »Ich sage mir auch nicht, daß es zum Leben eines Mannes gehört: einen Baum pflanzen, eine Frau heiraten, ein Kind zeugen – das ist Bullshit! Wenn sich diese Lust einstellt, auch Micky sagt: Jetzt möchte ich ein Kind, dann werden wir es versuchen – aber im Augenblick ist es nicht so. Vielleicht wird es nie mehr dazu kommen, who knows?« (19)

Seine Lust auf Abenteuer wird ihm auch in den nächsten Jahren erhalten bleiben: »Ich habe immer noch Bock auf Risiko – ein risikofreies Leben möchte ich nicht führen, weil dann kein Motor für Neues mehr da wäre. Ich versuche aber, größeren Schaden abzuwenden, indem ich das Risiko sehr oft abwäge… Ich möchte auch immer in der Lage sein, zurückzukommen, und nicht irgendwo draußen hängenzubleiben, wo ich nicht bleiben möchte. Risiko ja, aber kein blindes.« (19)

Ja, das alles ist Peter Maffay. Wenn man dieses Buch gelesen hat, fällt es einem bestimmt nicht mehr schwer zu verstehen, warum er so viele Freunde und eine so riesige treue Fangemeinde hat. Er ist eben mehr als ein bloßer Songschreiber, mehr als ein muskelstrotzender Sexprotz. Er hat etwas zu sagen, und zwar mehr, als er in den Songs, die er zuweilen singt, ausdrücken kann. Seine Botschaft lautet so: »Auch ein Mensch, der wie ich aus einfachen Verhältnissen kommt, kann es zu etwas bringen.« Sie lautet auch: »Berühmtsein heißt nicht Verkorkstsein. Man kann trotzdem ehrlich, höflich und bescheiden bleiben, man kann einfach Mensch bleiben.« Und für die ganz harten Kerle in unserer Gesellschaft hat er noch eine weitere Botschaft: Selbst ein Mann in Jeans und Leder darf zarte Gefühle entwickeln und diese auch zum Ausdruck bringen. Maffay ist ein Verfechter von Mut, Hoffnung und Liebe. Seine ganze Lebenseinstellung zeugt von großer Zuversicht.

Peter Maffay: ein Star zum Anfassen, ein Freund, wie man sich ihn wünscht. 1996 ist der Steppenwolf zurückgekehrt. Dennoch bleibt er für viele der Märchenerzähler, auch wenn er auf dem neuen Album wieder kräftig losrockt. Wie wird wohl seine Zukunft aussehen? Das bleibt Maffays Geheimnis. Aber eines ist sicher: Er hat noch viel drauf und wird sicher noch über die eine oder andere Brücke gehen...

ANHANG

ALBEN

Dez. 1970:	»Für das Mädchen, das ich liebe«
1973:	»2 Stars / 6 Songs«*
1973:	»Omen« (Doppel-LP)«
Okt. 1973:	»Die großen Erfolge«*
Okt. 1973:	»It's You / Josie« (Doppel LP)*
Okt. 1973:	»It's You I Want to Live With«
Okt. 1973:	»Josie«*
April 1974:	»Du bist wie ein Lied«
Okt. 1974:	»Samstagabend in unserer Straße«
Okt. 1975:	»Meine Freiheit«
1976:	»Profile«*
Mai 1976:	»Super Songs«*
Aug. 1976:	»Und es war Sommer«
Aug. 1976:	»Grand Gala der Stars«*
Febr. 1977:	»Tame & Maffay«
Okt. 1977:	»Dein Gesicht«
April 1978:	»Live«
April 1979:	»Steppenwolf«
Sept. 1979:	»Tame & Maffay«
Okt. 1979:	»Frei sein«*
1980:	»Frei sein« (Arcade)*
1980:	»Du bist wie ein Lied« (Pop-Rarität)
Aug. 1980:	»Revanche«
1981:	»Für das Mädchen, das ich liebe« (Pop-Rarität)
1981:	»Grooste Hits« (Niederlande)*
1981:	»Grooste Successen (Niederlande)*
1981:	»Peter Maffay« (DDR)*
März 1981:	»Liebeslieder«*
Jan. 1982:	»Ich will leben«
Aug. 1982:	»Live '82«

Aug. 1982:	»Die weiße Serie«*
Dez. 1982:	»Ich liebe dich« (Niederlande)*
1983:	»Und es war Sommer« (Sonderserie)
1983:	»Die weiße Serie« (Extra-Ausgabe)
Sept. 1983:	»Tabaluga oder Die Reise zur Vernunft«
Dez. 1983:	»80–83«*
Febr. 1984:	»Carambolage«
April 1985:	»Tausend Träume weit« (Club-Ausgabe)*
Mai 1985:	»Seine größten Erfolge« (Österreich)*
Sept. 1985:	»Sonne in der Nacht«
1985:	»Stationen«
1985:	»Meine größten Erfolge« (Teldec-Club Edition)*
1986:	»Tabaluga und das leuchtende Schweigen« (Album)
1987:	»Tausend Träume weit« (DDR)*
1988:	»Lange Schatten«
1988:	»Lange Schatten Tour: Peter Maffay Live '88«
1989:	»Kein Weg zu weit« (Doppel LP)
1990:	»Peter Maffay & Band '90, Leipzig«
1992:	»Freunde und Propheten«
1993:	»Tabaluga und Lilli«
1993:	»38317 (Liebe)«
1994:	»Tabaluga und Lilli: Live«
1994:	»Der Weg 1979–1993«
1996:	»Maffay '96«

* Sampler

SONGTITEL NACH ALBEN

Für das Mädchen, das ich liebe
Für das Mädchen, das ich liebe
Guitar Boy
Hab Vertrauen zu mir
Ich komm' nicht mehr los von dir
Ich war nie ein Sonnyboy
Du bist anders
Catalina
Hab' dich schon verloren
Lazy Daisy
Du
Angelico
Du brauchst einen, der dich liebt

Omen (Doppelalbum)
Frieden
Meine Lieder, meine Träume
Das Lied der Nachtigall
Marion
Ich möchte ein Adler sein
Niemand ist allein
Wo bist du
Die Taube
Was wär' ich ohne dich
Dieses Lied gehört nur dir
Ich bin frei
Eine Tür fällt zu
Angela

Wirst du mich morgen noch lieben
Das verlorene Schiff
Steine können nicht reden
Ich hab' dich geliebt
Charly, Buster, Laurel und Hardy
Wir brauchen nur Liebe
Der Arme ist nicht arm
  (Matth. V)
Du bist ein Mensch
Vater Himmel, Mutter Erde
Der Wind kann sich noch drehen
Omen

It's You I Want To Live With
(nicht in Deutschland erschienen)
It's You (I Want To Live With)
Catalina That's Why I Keep On
  Loving You
You've Got Something
When Do I
You
Peace Hymn
Love Is Forever
There's A Star For Me And You
If I Were The Sky
Tania
Mando Bay

Du bist wie ein Lied
Du bist wie ein Lied (When Do I)
Teenage Star
Alle Mädchen dieser Welt
Unser kleines Haus
Meine Maschine
Ich bin dein Freund (If I Were
  The Sky)
Welcher Stern steht über uns
Ich geb' nicht auf
Das alles liebe ich an dir
Mando Bay
Haß und Liebe

Mit dir will ich leben

Samstag abend in unserer Straße
Samstag abend in unserer Straße
Rock 'n' Roll Baby
Sandy
Wann kommt der Morgen
Einer muß gehen
Sonne und Erde
Liebe, tief wie das Meer
Ich bleibe in Jackson
Du, heute bin ich noch frei
Mein Weg zu dir
Wildes Mädchen
Flamingo Land

Meine Freiheit
Charlys Leute
Von Mann zu Mann
Meine Freiheit
Kleines Mädchen
Keiner kann was dafür
Wo steht das geschrieben?
Josie
Auf der Straße nach Nimes
Wilde Pferde
Wenn es falsch ist, dich zu lieben
Dann komm zu mir
Mein Zuhause – die Straße

Und es war Sommer
Und es war Sommer
My Love
Liebe heißt das Lied
Coca Cola, Mädchen und Rock
  'n' Roll
Ich such meinen Stern
Halifax
Der Wind erzählt ein Lied
Heute nacht
Ich bin eine Insel
Ich bleib' nur eine Nacht

125

Mädchen – wild wie das Meer
Ein Bild kann nicht lachen so wie
   du

Tame & Maffay
Turn It Over
Making It Better
Too Many Stones
I'm Not A Man Who Wants To
   Be Alone
I'm Living In A Dream
I Can Be So Far Away
I'm Not Only Passing Time
Help Me
See A Star
And As I Hide Another Day
I'm Giving You Love Again
Nothing Can Be Changed Bet-
   ween Us

Dein Gesicht
Ich weiß, daß ich nichts weiß
Alles, was du lieben kannst
Erkenntnis
Sie war nur ein Wintermärchen
Es macht mir Spaß
Dein Gesicht
Andy – Träume sterben jung
Sonntagmorgen
Mit siebzehn
Der kleine Mann
Einsam und glücklich
Flucht bei Nacht

Live
Josie
Einer muß gehen
Von Mann zu Mann
My Love
Flucht bei Nacht
Und es war Sommer
Ich weiß, daß ich nichts weiß
Making It Better

Wo steht das geschrieben?
Du
Satisfaction

Steppenwolf
So nicht
Steppenwolf
Auf dem Weg zu mir
Jane
Mach's gut, mein Freund
Du hattest keine Tränen mehr
So bist du
Spuren einer Nacht
Roadie
Das ist mein Traum
Liebling, wach auf
Wahrheit

Tame & Maffay 2
All We Need
Stop Feeling Blue
I Aint't Got A Dime
But I Found You
Don't Try To Run
Victory (Can Give What Love
   Has Taken)
Groovy Fire
Allright
Let Me Have Another Day
Welcome Brother
Hard Times
Left My Home

Revanche
Rock & Roll
Liebe wird verboten
Über sieben Brücken mußt du
   gehn
Ist es gut – ist es schlecht
Woran glaubst du
Revanche
Weil es dich gibt
Erst dann hat der Teufel gesiegt

Ich geh' fort
Selbstvertrauen
Baby, Baby spielt verrückt
Mein Kind

Ich will leben
Ich will leben
Jeder gegen jeden
Ich hab's nicht gewollt
Wer wirft den ersten Stein
Ihr nicht
Eiszeit
Ich will dich
Nur für einen Tag
Die wilden Jahre
Dafür
Hinter der Tür
Lieber Gott...

Live '82
Liebe wird verboten
Rock & Roll
Ich geh' fort
Wer wirft den ersten Stein
Selbstvertrauen
Über sieben Brücken mußt du
  gehn
Leben, so wie ich es mag
Eiszeit
Dafür
Home For Sale
Last Time
Johnny B. Good

**Tabaluga oder Die Reise zur
Vernunft**
Tyrion
Tabaluga
Lied des Mondes
Arbeit ist das halbe Leben
Riesen-Glück
Der Baum des Lebens
Drache und Salamander

Kaulquappenschule
Himmelsriesen
Die Delphine
Nessaja

Carambolage
Schatten in die Haut tätowiert
Draußen ist es wirklich heiß
Das Paradies ist nur geliehen
Wenn die Stummen reden wür-
  den
Herzinfarkt
Carambolage
Tausend Träume weit
Wo ich nie war
Karneval der Nacht
Diesmal hat er sich gewehrt
War ein Land

Sonne in der Nacht
Diese Sucht, die Leben heißt
Das Zeichen auf der Stirn
Hunger nach dem Leben
Ich geh' unter
Hey, Himmelstor
Alter Mann
Sonne in der Nacht
Ein Wort bricht das Schweigen
Auf Sand gebaut
Zweimal täglich
Der andere Mann
Für immer

**Tabaluga und das leuchtende
Schweigen**
Wo komm' ich her, wo geh' ich
  hin
Halbkind
Das leuchtende Schweigen
Mensch aus Stahl
Traumfrau
Ich bin der Haß
Sie ist kalt

Der fröhliche Geselle
Der Weg ist auch das Ziel (Kampf im Gebirge)
Die Töne sind verklungen
Denke an das Leben
Das leuchtende Schweigen

Lange Schatten (Doppelalbum)
Wölfe
Hund des Krieges
Wenn Ketten deine Antwort sind
Nie wieder Sieger sein
Weit von mir
Du bist nie der Kassierer
Unter Sternen
Spiel ohne Ziel
Schiff in der Nacht
Sperr' mich nicht ein
Versuch's doch mal mit mir
Zehn Stunden
Ringelpietz
Kalter Krieg
Bruder
Lange Schatten
Leg noch nicht auf
Freunde
Nochmal
Spiel um deine Seele

Lange Schatten Tour: Peter Maffay Live '88
Sperr' mich nicht ein
Wölfe
Hund des Krieges
Rock 'n' Roll
Schatten in die Haut tätowiert
Eiszeit
Alter Mann
Für immer
Sonne in der Nacht
Lange Schatten
Du bist nie der Kassierer
Medley:

a) Samstagabend in unserer Straße
b) Einer muß gehn
c) Josie
d) So bist du
d) Über sieben Brücken mußt du gehn
f) Carambolage
g) Karneval der Nacht
Spiel um deine Seele

Kein Weg zu weit
Viel zu weit
Kein Weg zu weit
Es wird Zeit
Dein Leben
Plastikherz
Ich seh' dich
Steh auf
Laß dich gehn
Tiefer
Wer hat recht
Weißt du wie das ist
Auf ein neues Jahr
Dafür dank' ich dir

Peter Maffay & Band '90, Leipzig
Kein Weg zu weit
Es wird Zeit
Dein Leben
Schatten in die Haut tätowiert
Sonne in der Nacht
Tiefer
Steh auf
Du bist nie der Kassierer
Dafür dank' ich dir
Über sieben Brücken mußt du gehn
Ich geh' fort

Freunde und Propheten
Wenn der letzte Regen fällt
Falsche Propheten

Frag nicht warum
Paß auf
Der Weg
Wie Feuer und Eis
Am Ende der Nacht
Die Zeiten sind hart
Soldat
Für immer Freunde

Tabaluga und Lilli
Ouvertüre
Solange dein Feuer brennt (Drachenlied)
Der Strom der Zeit
Wir sind froh, daß es uns gibt (Der Bienensong)
Faß das nicht an
Eis im September
Das Leben ist ein Würfelspiel
Ich fühle wie Du
Der Schlüssel zur Macht
Wenn eine Hoffnung stirbt
Finale

38317 (Liebe)
Wie viele Jahre
Zwei in einem Boot
Traumfabrik
Lover
Sorry Lady
Kreuzfeuer
Ich will bei dir sein
Wenn dein Spiegel bricht
Funken machen Feuer
Warum
Wenn Du weinen kannst

Der Weg 1979–1993
Der Weg
Wie Feuer und Eis
Zwei in einem Boot
Zu spät
Sorry Lady
Steppenwolf
Tiefer
Alles nur Kino
Sonne in der Nacht
Karneval in der Nacht
Nessaja
So bist du
Wölfe
Greenlights For Emotions
Über sieben Brücken mußt du gehn
So schön

Sechsundneunzig
Ich sag' ja
Dich zu sehn
Freiheit, die ich meine
Meine Prinzessin
Kannst du das versteh'n
Siehst du die Sonne
HBF Blues
Moment mal
Es hat keinen Zweck
Niemals gesagt
Happy Birthday
Siehst du die Sonne (acoustic version)

Alben in der DDR

Peter Maffay
So bist du
Samstag abend
Du
Du bist anders
Josie
Ein Bild kann nicht lachen so wie du
Und es war Sommer
Wo bist du
Jane
Du hattest keine Träume mehr
Liebling wach auf
Andy – Träume sterben jung

Tausende Träume weit
Sonne in der Nacht
Alter Mann
Zweimal täglich
Karneval der Nacht
Wenn die Stummen reden würden
Auf Sand gebaut
Tausend Träume weit
Eiszeit
Lieber Gott
Carambolage
Das Zeichen auf der Stirn
Draußen ist es wirklich heiß

SONGTITEL ALPHABETISCH

All We Need (Tame & Maffay)
Alle Mädchen dieser Welt (Du bist wie ein Lied)
Alles, was du lieben kannst (Dein Gesicht)
Alles nur Kino (Der Weg 1979 – 1993)
Allright (Tame & Maffay)
Alter Mann (Sonne in …)
Alter Mann (Lange Schatten Tour …)
Alter Mann (Tausend Träume weit)
Am Ende der Nacht (Freunde und Propheten)
Andy – Träume sterben jung (Dein Gesicht)

Andy – Träume sterben jung (Peter Maffay)
Angela (Omen)
Angelico (Für das Mädchen, das ich liebe)
Arbeit ist das halbe Leben (Tabaluga ...)
Auf dem Weg zu mir (Steppenwolf)
Auf der Straße nach Nimes (Meine Freiheit)
Auf ein neues Jahr (Kein Weg zu weit)
Auf Sand gebaut (Sonne in ...)
Auf Sand gebaut (Tausend Träume weit)
Baby, Baby spielt verrückt (Revanche)
Bruder (Lange Schatten)
But I Found You (Tame & Maffay)
Carambolage (Carambolage)
Carambolage (Tausend Träume weit)
Catalina (Für das Mädchen, das ich liebe)
Catalina That's Why I Keep On Loving You (It's You I Want To Live
   With)
Charly, Buster, Laurel und Hardy (Omen)
Charlys Leute (Meine Freiheit)
Coca Cola, Mädchen und Rock 'n' Roll (Und es war Sommer)
Dafür (Ich will leben)
Dafür (Live '82)
Dafür dank' ich dir (Kein Weg zu weit)
Dafür dank' ich dir (Peter Maffay & Band, '90, Leipzig)
Dann komm zu mir (Meine Freiheit)
Das alles liebe ich an dir (Du bist wie ein Lied)
Das ist mein Traum (Steppenwolf)
Das Leben ist ein Würfelspiel (Tabaluga und Lilli)
Das leuchtende Schweigen (Tabaluga/Schweigen)
Das Lied der Nachtigall (Omen)
Das Paradies ist nur geliehen (Carambolage)
Das verlorene Schiff (Omen)
Das Zeichen auf der Stirn (Sonne in ...)
Das Zeichen auf der Stirn (Tausend Träume weit)
Dein Gesicht (Dein Gesicht)
Dein Leben (Kein Weg zu weit)
Dein Leben (Peter Maffay & Band, '90, Leipzig)
Denke an das Leben (Tabaluga/Schweigen)
Der andere Mann (Sonne in ...)
Der Arme ist nicht arm (Matth. V) (Omen)
Der Baum des Lebens (Tabaluga ...)
Der fröhliche Geselle (Tabaluga/Schweigen)
Der kleine Mann (Dein Gesicht)

Der Schlüssel zur Macht (Tabaluga und Lilli)
Der Strom der Zeit (Tabaluga und Lilli)
Der Weg (Freunde und Propheten)
Der Weg (Der Weg 1979 – 1993)
Der Weg ist auch das Ziel (Kampf im Gebirge) (Tabaluga/Schweigen)
Der Wind erzählt ein Lied (Und es war Sommer)
Der Wind kann sich noch drehen (Omen)
Dich zu sehn (Sechsundneunzig)
Die Delphine (Tabaluga …)
Die Taube (Omen)
Die Töne sind verklungen (Tabaluga/Schweigen)
Die wilden Jahre (Ich will leben)
Die Zeiten sind hart (Freunde und Propheten)
Diese Sucht, die Leben heißt (Sonne in …)
Dieses Lied gehört nur dir (Omen)
Diesmal hat er sich gewehrt (Carambolage)
Don't Try To Run (Tame & Maffay)
Drache und Salamander (Tabaluga …)
Draußen ist es wirklich heiß (Carambolage)
Draußen ist es wirlich heiß (Tausend Träume weit)
Du (Für das Mädchen, das ich liebe)
Du (Live)
Du (Peter Maffay)
Du bist anders (Für das Mädchen, das ich liebe)
Du bist anders (Peter Maffay)
Du bist ein Mensch (Omen)
Du bist nie der Kassierer (Lange Schatten)
Du bist nie der Kassierer (Lange Schatten Tour …)
Du bist nie der Kassierer (Peter Maffay & Band, '90, Leipzig)
Du bist wie ein Lied (Du bist wie ein Lied)
Du brauchst einen, der dich liebt (Für das Mädchen, das ich liebe)
Du hattest keine Tränen mehr (Steppenwolf)
Du hattest keine Träume mehr (Peter Maffay)
Du, heute bin ich noch frei (Samstag abend …)
Ein Bild kann nicht lachen so wie du (Und es war Sommer)
Ein Bild kann nicht lachen so wie du (Peter Maffay)
Ein Wort bricht das Schweigen (Sonne in …)
Eine Tür fällt zu (Omen)
Einer muß gehen (Samstag abend …)
Einer muß gehen (Live)
Einsam und glücklich (Dein Gesicht)
Eis im September (Tabaluga und Lilli)
Eiszeit (Ich will leben)

Eiszeit (Live '82)
Eiszeit (Lange Schatten Tour...)
Eiszeit (Tausend Träume weit)
Erkenntnis (Dein Gesicht)
Erst dann hat der Teufel gesiegt (Revanche)
Es hat keinen Zweck (Sechsundneunzig)
Es macht mir Spaß (Dein Gesicht)
Es wird Zeit (Kein Weg zu weit)
Es wird Zeit (Peter Maffay & Band, '90, Leipzig)
Falsche Propheten (Freunde und Propheten)
Faß das nicht an (Tabaluga und Lilli)
Finale (Tabaluga und Lilli)
Flamingo Land (Samstag abend...)
Flucht bei Nacht (Dein Gesicht)
Flucht bei Nacht (Live)
Frag nicht warum (Freunde und Propheten)
Freiheit, die ich meine (Sechsundneunzig)
Freunde (Lange Schatten)
Frieden (Omen)
Für das Mädchen, das ich liebe (Für das Mädchen, das ich liebe)
Für immer (Sonne in...)
Für immer (Lange Schatten Tour...)
Für immer Freunde (Freunde und Propheten)
Funken machen Feuer (38317 (Liebe))
Greenlights For Emotions (Der Weg 1979 – 1993)
Groovy Fire (Tame & Maffay)
Guitar Boy (Für das Mädchen, das ich liebe)
Hab' dich schon verloren (Für das Mädchen, das ich liebe)
Hab' Vertrauen zu mir (Für das Mädchen, das ich liebe)
Halbkind (Tabaluga/Schweigen)
Halifax (Und es war Sommer)
Happy Birthday (Sechsundneunzig)
Hard Times (Tame & Maffay)
Haß und Liebe (Du bist wie ein Lied)
HBF Blues (Sechsundneunzig)
Help me (Tame & Maffay)
Herzinfarkt (Carambolage)
Heute nacht (Und es war Sommer)
Hey, Himmelstor (Sonne in...)
Himmelsriesen (Tabaluga...)
Hinter der Tür (Ich will leben)
Home For Sale (Live '82)
Hund des Krieges (Lange Schatten Tour...)

Hunger nach dem Leben (Sonne in...)
I Ain't Got A Dime (Tame & Maffay)
I Can Be So Far Away (Tame & Maffay)
Ich bin dein Freund (Du bist wie ein Lied)
Ich bin der Haß (Tabaluga/Schweigen)
Ich bin eine Insel (Und es war Sommer)
Ich bin frei (Omen)
Ich bleib' nur eine Nacht (Und es war Sommer)
Ich bleibe in Jackson (Samstag abend...)
Ich fühle wie Du (Tabaluga und Lilli)
Ich geb' nicht auf (Du bist wie ein Lied)
Ich geh' fort (Revanche)
Ich geh' fort (Live '82)
Ich geh' fort (Peter Maffay & Band, '90, Leipzig)
Ich geh' unter (Sonne in...)
Ich hab' dich geliebt (Omen)
Ich hab's nicht gewollt (Ich will leben)
Ich komm' nicht mehr los von dir (Für das Mädchen, das ich liebe)
Ich möchte ein Adler sein (Omen)
Ich sag' ja (Sechsundneunzig)
Ich seh' dich
Ich such' meinen Stern (Und es war Sommer)
Ich war nie ein Sonnyboy (Für das Mädchen, das ich liebe)
Ich weiß, daß ich nichts weiß (Dein Gesicht)
Ich weiß, daß ich nichts weiß (Live)
Ich will bei dir sein (38317 (Liebe))
Ich will dich (Ich will leben)
Ich will leben (Ich will leben)
If I Were The Sky (It's You I Want To Live With)
Ihr nicht (Ich will leben)
I'm Giving You Love Again (Tame & Maffay)
I'm Living In A Dream (Tame & Maffay)
I'm Not A Man Who Wants To Be Alone (Tame & Maffay)
I'm Not Only Passing Time (Tame & Maffay)
Ist es gut – ist es schlecht (Revanche)
It's You (I Want To Live With) (It's You I Want To Live With)
Jane (Steppenwolf)
Jane (Peter Maffay)
Jeder gegen jeden (Ich will leben)
Johnny B. Good (Live '82)
Josie (Meine Freiheit)
Josie (Live)
Josie (Peter Maffay)

Kalter Krieg (Lange Schatten)
Kannst du das versteh'n (Sechsundneunzig)
Karneval der Nacht (Carambolage)
Karneval der Nacht (Tausend Träume weit)
Karneval in der Nacht (Der Weg 1979 – 1993)
Kaulquappenschule (Tabaluga…)
Kein Weg zu weit (Kein Weg zu weit)
Kein Weg zu weit (Peter Maffay & Band, '90, Leipzig)
Keiner kann was dafür (Meine Freiheit)
Kleines Mädchen (Meine Freiheit)
Kreuzfeuer (38317 (Liebe))
Lange Schatten (Lange Schatten)
Lange Schatten (Lange Schatten Tour…)
Laß dich gehn (Kein Weg zu weit)
Last Time (Live '82)
Lazy Daisy (Für das Mädchen, das ich liebe)
Leben, so wie ich es mag (Live '82)
Leg noch nicht auf (Lange Schatten)
Let Me Have Another Day (Tame & Maffay)
Let My Home (Tame & Maffay)
Liebe heißt das Lied (Und es war Sommer)
Liebe, tief wie ein Meer (Samstag abend…)
Liebe wird verboten (Revanche)
Liebe wird verboten (Live '82)
Lieber Gott (Ich will leben)
Lieber Gott (Tausend Träume weit)
Liebling, wach auf (Steppenwolf)
Liebling, wach auf (Peter Maffay)
Lied des Mondes (Tabaluga…)
Love Is Forever (It's You I Want To Live With)
Lover (38317 (Liebe))
Mach's gut, mein Freund (Steppenwolf)
Mädchen – wild wie das Meer
Making It Better (Tame & Maffay)
Making It Better (Live)
Mando Bay (It's You I Want To Live With)
Mando Bay (Du bist wie ein Lied)
Marion (Omen)
Medley: (Lange Schatten Tour…)
a) Samstagabend in unserer Straße
b) Einer muß gehn
c) Josie
d) So bist du

e) Über sieben Brücken mußt du gehn
f) Carambolage
g) Karneval der Nacht
Mein Kind (Revanche)
Mein Weg zu dir (Samstag abend…)
Mein Zuhause – die Straße (Meine Freiheit)
Meine Freiheit (Meine Freiheit)
Meine Lieder, meine Träume (Omen)
Meine Prinzessin (Sechsundneunzig)
Mensch aus Stahl (Tabaluga/Schweigen)
Meine Maschine (Du bist wie ein Lied)
Mit dir will ich leben (Du bist wie ein Lied)
Mit siebzehn (Dein Gesicht)
Moment mal (Sechsundneunzig)
My Love (Und es war Sommer)
My Love (Live)
Nessaja (Tabaluga…)
Nessaja (Der Weg 1979 – 1993)
Nie wieder Sieger sein (Lange Schatten)
Niemals gesagt (Sechsundneunzig)
Niemand ist allein (Omen)
Nochmal (Lange Schatten)
Nothing Can Be Changed Between Us (Tame & Maffay)
Nur für einen Tag (Ich will leben)
Omen (Omen)
Ouvertüre (Tabaluga und Lilli)
Paß auf (Freunde und Propheten)
Plastikherz (Kein Weg zu weit)
Peace Hymn (It's You I Want To Live With)
Revanche (Revanche)
Riesen-Glück (Tabaluga…)
Ringelpietz (Lange Schatten)
Roadie (Steppenwolf)
Rock & Roll (Revanche)
Rock & Roll (Live '82)
Rock & Roll (Lange Schatten Tour…)
Rock 'n' Roll Baby (Samstag abend…)
Samstag abend (Peter Maffay)
Samstag abend in unserer Straße (Samstag abend…)
Sandy (Samstag abend…)
Satisfaction (Live)
Schatten in die Haut tätowiert (Carambolage)
Schatten in die Haut tätowiert (Lange Schatten Tour…)

Schatten in die Haut tätowiert (Peter Maffay & Band, '90, Leipzig)
Schiff in der Nacht (Lange Schatten)
See A Star (Tame & Maffay)
Selbstvertrauen (Revanche)
Selbstvertrauen (Live '82)
Sie ist kalt (Tabaluga/Schweigen)
Sie war nur ein Wintermärchen (Dein Gesicht)
Siehst du die Sonne (Sechsundneunzig)
Siehst du die Sonne (acoustic version) (Sechsundneunzig)
So bist du (Steppenwolf)
So bist du (Der Weg 1979 – 1993)
So bist du (Peter Maffay)
Solange dein Feuer brennt (Drachenlied) (Tabaluga und Lilli)
Soldat (Freunde und Propheten)
So nicht (Steppenwolf)
So schön (Der Weg 1979 – 1993)
Sonne in der Nacht (Sonne in ...)
Sonne in der Nacht (Lange Schatten Tour ...)
Sonne in der Nacht (Peter Maffay & Band, '90, Leipzig)
Sonne in der Nacht (Der Weg 1979 – 1993)
Sonne in der Nacht (Tausend Träume weit)
Sonne und Erde (Samstag abend ...)
Sonntagmorgen (Dein Gesicht)
Sorry Lady (38317 (Liebe))
Sorry Lady (Der Weg 1979 – 1993)
Sperr' mich nicht ein (Lange Schatten)
Sperr' mich nicht ein (Lange Schatten Tour ...)
Spiel ohne Ziel (Lange Schatten)
Spiel um deine Seele (Lange Schatten)
Spiel um deine Seele (Lange Schatten Tour ...)
Spuren einer Nacht (Steppenwolf)
Steh auf (Kein Weg zu weit)
Steh auf (Peter Maffay & Band, '90, Leipzig)
Steine können nicht reden (Omen)
Steppenwolf (Steppenwolf)
Steppenwolf (Der Weg 1979 – 1993)
Stop Feeling Blue (Tame & Maffay)
Tabaluga (Tabaluga ...)
Tania (It's You I Want To Live With)
Tausend Träume weit (Carambolage)
Tausend Träume weit (Tausend Träume weit)
Teenage Star (Du bist wie ein Lied)
There's A Star For Me And You (It's You I Want To Live With)

Tiefer (Kein Weg zu weit)
Tiefer (Peter Maffay & Band, '90, Leipzig)
Tiefer (Der Weg 1979 – 1993)
Too Many Stones (Tame & Maffay)
Traumfabrik (38317 (Liebe))
Traumfrau (Tabaluga/Schweigen)
Turn It Over (Tame & Maffay)
Tyrion (Tabaluga…)
Über sieben Brücken mußt du gehn (Revanche)
Über sieben Brücken mußt du gehn (Live '82)
Über sieben Brücken mußt du gehn (Peter Maffay & Band, '90, Leipzig)
Über sieben Brücken mußt du gehn (Der Weg 1979 – 1993)
Und es war Sommer (Und es war Sommer)
Und es war Sommer (Live)
Und es war Sommer (Peter Maffay)
Unser kleines Haus (Du bist wie ein Lied)
Unter Sternen (Lange Schatten)
Vater Himmel, Mutter Erde (Omen)
Versuch's doch mal mit mir (Lange Schatten)
Victory (Can Give What Love Has Taken) (Tame & Maffay)
Viel zu weit (Kein Weg zu weit)
Von Mann zu Mann (Meine Freiheit)
Von Mann zu Mann (Live)
Wann kommt der Morgen (Samstag abend…)
Wahrheit (Steppenwolf)
War ein Land (Carambolage)
Warum (38317 (Liebe))
Was wär' ich ohne dich (Omen)
Weil es dich gibt (Revanche)
Weißt du wie das ist (Kein Weg zu weit)
Weit von mir (Lange Schatten)
Welcher Stern steht über uns (Du bist wie ein Lied)
Welcome Brother (Tame & Maffay)
Wenn dein Spiegel bricht (38317 (Liebe))
Wenn der letzte Regen fällt (Freunde und Propheten)
Wenn die Stummen reden würden (Carambolage)
Wenn die Stummen reden würden (Tausend Träume weit)
Wenn Du weinen kannst (38317 (Liebe))
Wenn eine Hoffnung stirbt (Tabaluga und Lilli)
Wenn es falsch ist, dich zu lieben (Meine Freiheit)
Wenn Ketten deine Antwort sind (Lange Schatten)
Wer hat recht (Kein Weg zu weit)

Wer wirft den ersten Stein (Ich will leben)
Wer wirft den ersten Stein (Live '82)
When Do I (It's You I Want To Live With)
Wie Feuer und Eis (Freunde und Propheten)
Wie Feuer und Eis (Der Weg 1979 – 1993)
Wie viele Jahre (38317 (Liebe))
Wilde Pferde (Meine Freiheit)
Wildes Mädchen (Samstag abend…)
Wir brauchen nur Liebe (Omen)
Wir sind froh, daß es uns gibt (Der Bienensong) (Tabaluga und Lilli)
Wirst du mich morgen noch lieben (Omen)
Wo bist du (Omen)
Wo bist du (Peter Maffay)
Wo ich nie war (Carambolage)
Wo komm' ich her, wo geh' ich hin (Tabaluga/Schweigen)
Wo steht das geschrieben? (Meine Freiheit)
Wo steht das geschrieben? (Live)
Wölfe (Lange Schatten)
Wölfe (Lange Schatten Tour…)
Wölfe (Der Weg 1979 – 1993)
Woran glaubst du (Revanche)
You (It's You I Want To Live With)
You've Got Something (It's You I Want To Live With)
Zehn Stunden (Lange Schatten)
Zu spät (Der Weg 1979 – 1993)
Zwei in einem Boot (38317 (Liebe))
Zwei in einem Boot (Der Weg 1979 – 1993)
Zweimal täglich (Sonne in…)
Zweimal täglich (Tausend Träume weit)

QUELLEN

1) TZ (02.03.96)
2) Elmshorner Zeitung
3) Kölnische Rundschau (09.03.96)
4) Rheinische Post (13.03.96)
5) Die Woche (15.03.96)
6) Der Neue Tag (16.03.96)
7) Donaukurier (07.03.96)
8) Braunschweiger Zeitung (04.03.96)
9) Die Welt (02.03.96)
10) Berliner Zeitung (13.03.93, 29.02.96)
11) Der Tagesspiegel (29.02.96)
12) AZ (18.04.94, 29.02.96, 02./ 03.03.96)
13) WOM Journal
14) Musik News/Karstadt (3/96)
15) Bild am Sonntag (11.02.96)
16) GDM (3/96)
17) Feine Adressen München 12/94)
18) Gala (24.11.94)
19) Playboy (11/94)
20) Fuldauer Zeitung (12.11.94)
21) Live (10/94)
22) Musik Magazin (11/94)
23) Music News
24) Brigitte
25) Bunte
26) Spiegel (Oktober 1994)
27) Hamburger Abendblatt (4/ 94)
28) Der Kurier (18.03.94)
29) Der Monat Stadtmagazin (Zwickau) (6/94)
30) Woernle + Partner/Mannheim (19.03.94)
31) Mannheimer Morgen (04.04.96)
32) Freie Presse (03.04.96)
33) Lexikothek Plus
34) Play Magazin (4/96)
35) Tip (24.03.94)
36) Berliner Morgenpost (13.03.94)
37) InsideR
38) ME/Sounds (April 1996)
39) Nürnberger Nachrichten
40) Schwarzwälder Bote (16.12.93)
41) Frankfurter Neue Presse
42) Magdeburger Volksstimme (18.11.93)
43) Bremer Zeitung (14.03.96)
44) Kölner Nachrichten (16.03.96)
45) Live in Concert (4/96)
46) Tabaluga Blatt (Fauch & Feuer Verlag, Ausgaben 1–3)
47) Lutz Bertram: *Peter Maffay* (1988, Lied der Zeit Musikverlag, Berlin)
48) Günther Klempnauer: *Ich will raus, Jugend und Rockmusik der 50er-80er Jahre* (1986, Brockhaus Verlag Wuppertal)
49) Peter Seibold: *Peter Maffay: Die Autorisierte Biographie* (1990, Verlagsunion Erich Pabel – Arthur Moewig KG, Rastatt)
50) Frank Eyssen: *Peter Maffay: Ein Buch* (1986, Rowohlt Taschenbuch Verlag, Reinbek bei Hamburg)
51) Tip (7/84)
52) Göttinger Tageblatt (20.11.79)
53) Die Glocke (20.06.82)

 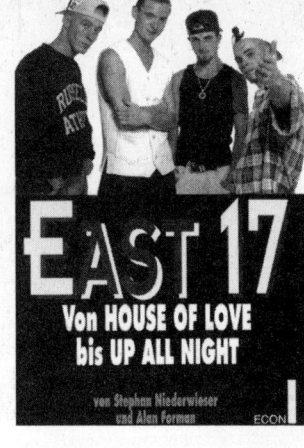

Andrea Müller
Die Fantastischen Vier
Die Megastars des deutschen Rap
160 Seiten, 8 Farbtafeln
TB 12000-X

Sie sind alle voll da – die »Fanta Vier«
Andy, Thomas, Dee Jot und Smudo.
Im Herbst 1992 überraschten die Rap-
per aus Stuttgart mit ihrem Superhit
»Die da!«, der das Quartett innerhalb
kürzester Zeit an die Spitze der Hitparade brachte. Nach dem Riesenerfolg
ihrer CD »Vier gewinnt« hat ihr neuestes Werk »Lauschgift« sofort einge-
schlagen.
Andrea Müller erzählt die Erfolgsstory
der Band.
Mit zahlreichen Abbildungen.

Stephan Niederwieser/Alan Forman
East 17
Von »House of Love« bis »Up All Night«
160 Seiten, 8 Seiten Farbe
TB 12001-8

Ihre Konzerte sind restlos ausverkauft,
und ihr Name hat den Londoner Stadt-
teil, in dem sie aufwuchsen, weltbe-
kannt gemacht: East 17. Seit die jungen
Briten mit ihrem Debüt-Song »House of
Love« die Charts stürmten, reißt ihre
Erfolgsserie nicht mehr ab. Stephan
Niederwiesen und Alan Forman werfen
einen Blick hinter die Kulissen der Su-
pergruppe
Mit zahlreichen Abbildungen.

The best of ...
Rock & Pop

ECON TASCHENBÜCHER

ECON

Frank Laufenberg/Ingrid Laufenberg
Frank Laufenbergs Rock- und Pop-Lexikon
Sämtliche Top 10-Hits aus den USA, GB, Deutschland und ihre
Interpreten
Band I, 800 Seiten, mit zahlr. Abb.
Band II, 800 Seiten, mit zahlr. Abb.
TB 26206-8/26207-6

Frank Laufenberg, der bekannteste Musikjournalist Deutschlands, prä-
sentiert die neue Version seines Rock- und Pop-Lexikons, Redaktions-
schluß Januar 1995. Die Neuausgabe nennt alle Hits der Künstler und
enthält ein vollständiges Register aller Titel und aller Interpreten.
In zwei Bänden liegt hier das erste umfassende Lexikon der Rock- und
Popmusik seit 1940 vor. In alphabetischer Reihenfolge – von A wie
ABBA bis Z wie ZZ Top – werden alle Gruppen und Interpreten aufge-
führt, die jemals zu den Top Ten gehörten. Ein einmaliges Standardwerk
für alle Freunde der Rock- und Popmusik.

ECON TASCHENBÜCHER